Vom klugen Umgang mit Gefühlen

Heinz-Peter Röhr

Vom klugen Umgang mit Gefühlen

Wie man Kontrollverlust überwindet

Patmos Verlag

Wichtiger Hinweis:
Die in diesem Buch enthaltenen Informationen, Hinweise und Übungen wurden nach bestem Wissen des Autors erstellt und sorgfältig geprüft. Sie ersetzen jedoch nicht den persönlich eingeholten (psycho-)therapeutischen oder medizinischen Rat. Verlag und Autor können für Irrtümer oder etwaige Schäden, die aus der Anwendung der dargestellten Informationen, Hinweise oder Übungen resultieren, keine Haftung übernehmen. Deren Nutzung bzw. Durchführung erfolgt auf eigene Verantwortung der Leserinnen und Leser.

FSC
www.fsc.org
MIX
Papier aus verantwortungsvollen Quellen
FSC® C014138

Die Verlagsgruppe Patmos ist sich ihrer Verantwortung gegenüber unserer Umwelt bewusst. Wir folgen dem Prinzip der Nachhaltigkeit und streben den Einklang von wirtschaftlicher Entwicklung, sozialer Sicherheit und Erhaltung unserer natürlichen Lebensgrundlagen an. Näheres zur Nachhaltigkeitsstrategie der Verlagsgruppe Patmos auf unserer Website www.verlagsgruppe-patmos.de/nachhaltig-gut-leben

Bibliografische Information der Deutschen Nationalbibliothek
Die Deutsche Nationalbibliothek verzeichnet diese Publikation in der Deutschen Nationalbibliografie; detaillierte bibliografische Daten sind im Internet über http://dnb.d-nb.de abrufbar.

3. Auflage 2024

Verlagsgruppe Patmos in der Schwabenverlag AG, Ostfildern
www.verlagsgruppe-patmos.de

Umschlaggestaltung: Finken & Bumiller, Stuttgart
Umschlagabbildung: © ShutterProductions / shutterstock.com
Gestaltung, Satz und Repro: Schwabenverlag AG, Ostfildern
Druck: Finidr s.r.o., Český Těšín
Hergestellt in der Tschechischen Republik
ISBN 978-3-8436-1279-1

Herr Z.[1] leidet unter Schlaflosigkeit. Tagsüber ist er wie gerädert und kann sich kaum konzentrieren. Er klagt über Rückenschmerzen, innere Unruhe und Unsicherheit. Seine Gedanken kreisen um immer neue Ängste. Sein Grübeln kann er nicht abstellen.

Frau C. hat eine Spinnenphobie. Jedes Mal, wenn sie eine Spinne sieht, verfällt sie in Panik. Dabei gerät ihre Angst außer Kontrolle. Obwohl sie weiß, dass Spinnen in unseren Breitengraden völlig harmlos sind, fühlt sie sich diesen Ängsten sowie auch ihrem Ekel gegenüber machtlos.

Frau P. ist eine geschätzte Mitarbeiterin im Unternehmen. Sie erledigt ihre Arbeit mit größter Sorgfalt. Das Problem ist, dass sie Fehler unbedingt vermeiden will und sich deshalb in ständiger Anspannung befindet. Es ist ihr nicht möglich, darauf zu verzichten, bestimmte Vorgänge immer wieder auf Fehlerfreiheit zu prüfen. Um die Arbeit zu schaffen, leistet sie freiwillig viele Überstunden.

Bei Herrn K. dominiert Ärger das Grundgefühl. Ständig findet er Umstände, Schwierigkeiten oder Vorfälle, die seinen Ärger weiter befeuern. Für seine Mitmenschen ist dies nicht selten anstrengend und schwierig, da er wenig Positives ausstrahlt und niemand ihm genügen kann.

Herr S. ist liebenswert, meist gut gelaunt, zugewandt, freundlich und hilfsbereit. Immer wieder gerät er jedoch in schwierige Situationen; wenn er sich ärgert, gehen förmlich die Pferde mit ihm durch. Seine Frustrationstoleranz wird bei bestimmten Auslösern schnell überschritten, sodass er sich in Wutgefühle hineinsteigert. Bei solchen Ausfällen wird er durchaus ungerecht und verletzend. Die starke Erregung hält mitunter Stunden an. Danach fühlt er sich völlig erschöpft und labilisiert, sein Selbstwertgefühl ist am Boden.

Inhalt

Einleitung: Kontrollverlust gehört zum Menschen

Es gibt Dinge im Menschen,
die stärker sind als er selbst.

Die Kontrolle über das eigene Leben und über seine Gefühle zu haben gehört zu den Urbedürfnissen des Menschen, nur so kann er sich sicher fühlen. Die Selbststeuerung ist für unseren Erfolg im Leben sehr wichtig. Mitunter suchen Menschen gerade in riskanten Aktionen einen gewissen Nervenkitzel: beim Bungee-Sprung, Paragliding, Autorennen … Hierbei handelt es sich fast immer um einen »kontrollierten Kontrollverlust«: einmal alles loslassen, Angst genießen, um danach wieder auf festem Boden zu stehen. Grundsätzlich ist das Bedürfnis nach Kontrolle und Sicherheit jedoch groß.

Die Kontrolle über Gefühle oder Verhaltensweisen zu verlieren ist meist mit negativen Begleiterscheinungen verbunden und »passiert« bestimmten Menschen häufiger als anderen. Das Ziel dieses Buches ist, den Umgang mit Kontrollverlusten zu erleichtern, diese besser zu verstehen und wirksame Strategien aufzuzeigen, um sie zu vermeiden bzw. besser zu bewältigen. Der intelligente Umgang mit Gefühlen ist für unser Lebensglück wichtiger als ein hoher IQ. Darüber besteht bei führenden Forschern und Wissenschaftlerinnen Einigkeit. Mithilfe der emotionalen Intelligenz gelingt es, den eigenen Gefühlszustand zu erkennen und richtig damit umzugehen. Auch die Fähigkeit, die Gefühle anderer zu erkennen, wahrzunehmen, empathisch zu reagieren, ist wesentlich für die eigene Selbstbeherrschung und bildet die Grundlage für gesellschaftlichen Erfolg.

Kontrollverluste haben für das menschliche Leben einen tieferen Sinn, diesen gilt es in den Fokus zu nehmen. Auch wenn sie mitunter dramatische und selbstzerstörerische Folgen haben, sind sie nicht überflüssig. So paradox es klingt: Ein Kontrollverlust hat die Aufgabe, das Leben in der Balance zu halten. Er zeigt, dass man sich auf einem Irrweg befindet. Der Kontrollverlust ist ein intelligentes Instrument der Seele, das uns korrigieren will, wenn wir uns auf dem Holzweg befinden.

Wenn jemand immer wieder die Kontrolle über Verhaltensweisen verliert, sei es über Gefühle wie Ärger oder Angst, oder über Verhaltensweisen wie Kaufen oder Spielen, dann ist es richtig, nach den tieferen Ursachen zu forschen. In solchen Fällen weist der Kontrollverlust auf ein Defizit hin, das man als das eigentliche Problem bezeichnen sollte. Der Kontrollverlust ist also der Hinweis auf eine tiefer liegende Störung. Die Seele entwickelt nie ohne Grund ein Symptom. Selbst wenn es gelingt, den Kontrollverlust zu beseitigen, bleibt eine innere Not, die mit großer Wahrscheinlichkeit neue Ausdrucksformen sucht, also zu neuem Leid führt. Der Kontrollverlust über Gefühle ist ein häufiges Problem und wird vorwiegend in drei Gefühlsbereichen erlebt:

- über Gedanken in Form von Grübeln, bis hin zu sogenannten Grübelzwängen und depressiven Erkrankungen;
- über Angst, bis hin zu Angststörungen;
- über Wut und Ärger.

Wie kommt es zum Kontrollverlust über Gefühle? Welche Auslöser, Verhaltensweisen sind verantwortlich? Welche Strategien können helfen, unliebsame Kontrollverluste zu vermeiden bzw. zu stoppen?

Wir werden versuchen, einen liebevollen Blick auf Kontrollverluste zu lenken. Denn alles, was verteufelt wird, erlebt automatisch eine Verstärkung. Vielleicht kann es gelingen, sich »anzufreunden« mit etwas, das mitunter störend und eventuell sogar quälend ist. Eine Veränderung erzwingen zu wollen, führt unweigerlich zu einer Verschlimmerung.

Die Auseinandersetzung mit der Thematik der Kontrollverluste wird uns tief in die menschliche Seele führen und nach Antworten suchen lassen. Nur wenn Symptome verstanden werden, kann es gelingen, Leid zu überwinden und Lebensglück zu finden.

Hirnforscher erkennen und beschreiben immer besser, wie unser Gehirn funktioniert. *Amygdala-Klärung* ist eine Methode, die im Alltag bei der Bewältigung unangenehmer Gefühle und Kontrollverluste helfen kann. Sie kann von jedem leicht angewendet werden. Wie wird man abstinent von unrealistischen Ängsten?

Es gibt Menschen, die selten oder nie die Kontrolle verlieren, ohne gleich langweilig zu sein. Die Frage ist, was machen sie anders, kann man von ihnen lernen?

Fast jeder kennt das typische sich in etwas Hineinsteigern, wahrscheinlich auch von sich selbst. Das gehört, wenn es nicht zu häufig passiert, zum menschlichen Leben. Man darf sich aufregen und auch mal unsachlich werden. Das sollte jedem erlaubt sein, niemand ist perfekt. Wenn aber Kontrollverluste über Gefühle das persönliche Leben belasten, psychische und körperliche Symptome verursachen, Beziehungen schwer beeinträchtigen oder gar zerstören, das Gefühl von Freiheit verschwindet und die Angst vor dem nächsten »Ausrutscher« dominant ist, dann besteht Handlungsbedarf. Dieses Buch ist auch für Angehörige geeignet, die unter den Kontrollverlusten, etwa des Partners, der Partnerin, leiden.

Herzlich danken möchte ich meiner lieben Frau Annemie für ihr Zuhören und ihre Geduld, für die gründliche Bearbeitung des Manuskripts und die vielen Anregungen. In gleicher Weise gilt mein Dank meinem Sohn Frank für die wertvollen Anmerkungen und Anregungen bei der Durchsicht des Manuskripts.

Bad Fredeburg, im Juli 2020
Heinz-Peter Röhr

1. Was man über Gefühle wissen sollte

Was sind Gefühle und woher kommen sie?

»Den kann ich nicht riechen!« – Das sagt jemand, der an dieser Person noch nie wirklich gerochen hat. Hier wird Archaisches angesprochen. Der Geruchssinn hat seine Bedeutung verloren, aber in unserer Sprache findet er noch Verwendung. Korrekter wäre der Ausspruch: *»Derjenige ist mir unsympathisch, mit dem möchte ich nichts zu tun haben …«* Forscher sind sicher, dass Deos, Parfüms und Rasierwasser während der ersten Phase des Kennenlernens von Paaren hinderlich sind. Ob Menschen zusammenpassen, spüren sie auch darüber, ob sie den Geruch des potenziellen Partners als angenehm oder weniger angenehm wahrnehmen. Liebe geht nicht nur »durch den Magen«, sondern vor allem auch »durch die Nase«. Für den Urmenschen stand Riechen für die Lebensbewältigung mit im Vordergrund. Der moderne Mensch lebt rational, mithilfe seiner intellektuellen Fähigkeiten; er kalkuliert, überlegt und entscheidet. Leitend ist hier der für das Rationale zuständige Teil des Gehirns, das rationale Gehirn, der sogenannte Neokortex.

Nur wer sich dafür öffnet, bemerkt, dass das Instinktive nicht verschwunden ist. Man sagt beispielsweise, dass jemand eine »gute Nase« für Aktien hat, für moderne Kunst oder andere Bereiche … Manche Entscheidung wird aus dem »Bauch« heraus gefällt, weil bestimmte Gefühle den Ausschlag gaben. Tatsächlich kommt sie aber aus dem für Emotionen zuständigen Areal des Gehirns: dem emotionalen Gehirn. Immer wenn in diesem Zusammenhang von »Herz« oder »Bauch« die Rede ist, ist das emotionale Gehirn gemeint. Geht es um eine durchdachte Entscheidung, ist der Neokortex zuständig, das rationale Gehirn.

Das Gehirn lässt sich also in zwei Bereiche unterteilen. Zum einen gibt es das emotionale Gehirn, bestehend aus dem Limbischen System und vor allem der Amygdala. Hier entstehen unsere Gefühle. Der zweite Bereich ist das rationale Gehirn, es besteht in erster Linie aus dem Neokortex, dem Hauptteil der Großhirnrinde. Hier findet logisches Denken statt. Während das emotionale Gehirn sich tief im Innern des Kopfes befindet, bildet der Neokortex die äußere Rinde mit den typischen Windungen und Furchen.

Das Intuitive, das Schöpferische kommt aus tieferen Schichten der Seele. Kreative Menschen vertrauen ihrem Gespür, nicht ausschließlich ihrem Verstand. Eine gute Entscheidung ist meist die, die sich »richtig anfühlt«. Bei der Partnerwahl wird dies oft dann besonders deutlich, wenn die Beziehung scheitert: *Ich wusste schon immer, dass ich ihn/sie nicht hätte heiraten dürfen …* Wahrscheinlich war es der Verstand, der sagte, dass man keinen Rückzieher machen sollte. Besser wäre es gewesen, auf den »Bauch« zu hören! Selbstverständlich sollte der Verstand bei Entscheidungen beteiligt sein. Wer beispielsweise beim Shoppen nur dem momentanen Gefühl folgt, könnte in finanzielle Schwierigkeiten geraten. Die Frage *Kann ich mir das leisten und brauche ich das wirklich?* kann nur der nüchterne Verstand beantworten. Der Ärger über unsinnige Käufe ist besonders bei kaufsüchtigen Menschen extrem, da sie beim Shoppen einem Kontrollverlust ausgeliefert sind und lauter Dinge kaufen, die sie nicht benötigen. Daher bereuen sie anschließend den Kauf. Gute Entscheidungen leben davon, dass Verstand und Gefühl in angemessener Weise beteiligt sind. Bei vielen Entscheidungen sollte klar der Verstand dominieren, andere dürfen eher gefühlsbestimmt sein. Mit bestimmten Einrichtungsgegenständen in meiner Wohnung will ich mich beispielsweise in erster Linie wohlfühlen. Welche Autoversicherung für mich die richtige ist, entscheide ich dagegen nicht nach Gefühl, auch wenn manche Werbung in diese Richtung arbeitet.

Viele Gefühle kommen aus dem *emotionalen Gedächtnis*, in dem vor allem in unseren ersten Lebensjahren Erfahrungen gespeichert werden, an die wir noch keine bewusste Erinnerung haben. Das emotionale Gedächtnis erinnert sich aber an die zugehörigen Gefühle und kann diese in vergleichbaren Situationen reaktivieren. Es handelt sich um eine Ahnung, vielleicht eine tiefe Befürchtung, eventuell um alte Ängste. Wenn man diesen Vorgang im Computertomografen sichtbar machte, würde man sehen, wie fast ausschließlich das Limbische System, das emotionale Gedächtnis in Verbindung mit der Amygdala aktiv ist. Im Unterschied dazu sind Gefühle oft auch Produkte von Denkvorgängen, Überlegungen und Bewertungen.

> Der Satz: *So, wie ich denke, so fühle ich auch,* ist richtig und eine uralte Erkenntnis. !

Im Computertomografen würde man erkennen, dass Bereiche des Neokortex aktiv sind. Verstand und Gefühl sind keine Gegensätze. Ununterbrochen löst der Verstand mithilfe von Gedanken Gefühle in uns allen aus, ohne dass wir dies immer bewusst beobachten. Jeder spricht in Gedanken unablässig mit sich selbst, und so wie man mit sich selbst redet, gestalten sich Gefühle. Wer sich in einem depressiven Gedankenkarussell bewegt, hat unweigerlich Gefühle, die ihn herunterziehen. Seine Gefühle, seine Stimmung hellt sich allmählich auf, wenn er intensiv an ein freudiges Ereignis denkt. Im Vorfeld einer depressiven Erkrankung beschäftigen Betroffene extrem negative Gedanken – das Gedankenkarussell lässt sich nicht mehr stoppen. Es ist auch hier wieder der Kontrollverlust, der darauf aufmerksam macht, dass etwas verkehrt läuft.

Wie sehr Bewertungen unsere Gefühle beeinflussen, lässt sich an folgendem (etwas makabren) Beispiel zeigen:

Herr Meier ist gestorben:
»Das ist ja furchtbar, ich bin doch auf ihn angewiesen, er war immer so freundlich und mein bester Kunde; wenn ich ihn verliere, werde ich mein Geschäft schließen müssen ...«

Herr Meier ist gestorben:
»Das ist keine schlechte Nachricht, endlich bin ich diesen direkten Konkurrenten los. Jetzt werden viel mehr Kunden bei mir kaufen müssen. Meier habe ich nie gemocht, er war immer so herablassend zu mir ...«

Der Umstand, dass Herr Meier gestorben ist, kann unterschiedliche Gefühle – von Sorge bis Erleichterung wie im obigen Beispiel – hervorrufen. Wie jemand sich nach solch einer Nachricht fühlt, hängt von der jeweiligen Bewertung ab, der Blickwinkel ist entscheidend. Gefühle lassen sich nur verändern, wenn der Blickwinkel verändert wird. Dies ist der Kern der Kognitiven Psychotherapie.

Selbstverständlich ist auch der Körper beteiligt, denn er ist der Ort, in dem Gefühle empfunden werden.

! Gefühle sind minimale bioelektrische Impulse, die den gesamten Körper durchströmen.

Starke Gefühle, so sagt man, spürt man bis in die Haarwurzeln. So kann Angst beispielsweise tatsächlich eine Gänsehaut erzeugen oder buchstäblich »die Haare zu Berge stehen lassen«.

Eine einfache Übung kann jeder leicht selbst machen:

Lachen Sie, ein richtig breites Grinsen! Wenn Ihnen dies gelingt, werden sich gleichzeitig keinerlei negative Gedanken bilden können. Erst wenn Sie sich wieder im »Normalzustand« befinden oder gleichgültig sind, haben negative Gedanken wieder eine Chance.

Die Konsequenz aus dieser Tatsache sollte sein, dass Sie sich so oft wie möglich ein Lächeln auf das Gesicht zaubern. Dies führt unweigerlich zu einer Stimmungsaufhellung, Sie werden optimistischer, weniger negativ und insgesamt zufriedener sein. Wenn das Grinsen eine längere Zeit aufrechterhalten bleibt, produziert das Gehirn Endorphine, Glückshormone. Erinnern Sie sich immer wieder daran und helfen Sie dem emotionalen Gehirn, positive Mechanismen zu erlernen. Dieses Training ist lohnend, weil es systematisch zu einem besseren Lebensgefühl führt. Dieses Beispiel zeigt, dass man auch über den Körper zu besseren Gefühlen gelangen kann. Sicher ist, dass Menschen, die häufig lachen, glücklicher sind.

Eine wichtige Erkenntnis ist, dass Gefühle flüchtig sind und maximal 20 bis 40 Sekunden andauern, dies wurde in neurowissenschaftlichen Experimenten nachgewiesen. Spontaner Ärger z. B. setzt chemische Botenstoffe (Neurotransmitter etc.) in Bewegung und baut eine minimale elektrische Spannung (Millivolt) auf. Der Körper kann dies jedoch nur kurze Zeit aufrechterhalten. Nur bei weiterer »Befeuerung« bleibt der Ärger erhalten: Dies geschieht in Form von Gedanken, etwa: *Das lasse ich mir nicht bieten; unmöglich, wie ich hier behandelt werde …*

Aus diesen Vorgängen kann man ableiten, dass wir Ärger mit unseren Gedanken selbst erzeugen. Fast jeder erlebt dies zunächst anders. Man glaubt, dass die Umstände oder andere Personen den Ärger verursachen: »Diese Sache/Person hat mich so wütend *gemacht*!« Dabei kann solch ein Gefühl Tage und Wochen anhalten, nämlich dann, wenn es durch entsprechende Gedanken immer weiter befeuert wird.

Wenn Gefühle sich verändern, verändert sich gleichzeitig auch die Chemie im Körper. Körper und Seele bilden eine Einheit. Alles, was in der Psyche passiert, bewirkt Reaktionen im Körper. Neurotransmitter verändern sich und Botenstoffe werden ausgeschüttet. Positive Gefühle werden durch Serotonin und Dopamin ausgelöst, negative Gefühle durch Stresshormone.

Umgekehrt geht es auch darum, die Chemie im Körper aktiv zu beeinflussen, wenn man zu anderen Gefühlen gelangen will. Hier können körperliche Aktivitäten helfen. Beim Joggen wird die Chemie im Körper verändert, ebenso, wenn man auf einen Punchingball schlägt oder Holz hackt. Wer seiner Lieblingsbeschäftigung nachgeht, wird in den allermeisten Fällen nach kurzer Zeit spüren, dass sich die Chemie im Körper positiv organisiert und sich Wohlbefinden einstellt.

Auch an folgender Stelle kann man getrost dem Volksmund vertrauen: Wenn es heißt, dass zwischen Menschen die »Chemie« stimmt, dann ist gemeint, dass sie auf einer ähnlichen Wellenlänge liegen und ihre Ansichten in vielen Bereichen übereinstimmen, sie verstehen sich eben.

Die Amygdala, der Mandelkern

Die Amygdala ist ein zentraler Bestandteil des Gehirns. Da die Form einer Mandel gleicht, wird sie auch als »Mandelkern« bezeichnet. Der modernen Hirnforschung gelingt es immer besser, durch sogenannte bildgebende Verfahren, wie Computer- oder Magnetresonanztomografie, die Prozesse im Gehirn sichtbar werden zu lassen. So lässt sich erkennen, welche Areale bei bestimmten Gefühlen aktiv sind. Schon vor einigen Jahren erkannten Hirnforscher die Bedeutung des Mandelkerns für unsere Emotionen. Hier ist Archaisches gespeichert.

Die Amygdala bildete sich sehr früh während der menschlichen Entwicklung. Auch Reptilien haben diesen Komplex im Gehirn. Hier sind wichtige Überlebensmechanismen angelegt. Im Falle von Gefahr erzeugt die Amygdala spontan starke Angst. Dies lässt einen Menschen beispielsweise intuitiv die Flucht ergreifen – langes Nachdenken wäre viel zu gefährlich. Wer plötzlich eine Schlange sieht, wird sich erschrecken und zurückweichen. Dies ist schon in unseren Genen angelegt. Die in der Amygdala abgelegten Muster signalisieren Gefahr viel früher, als dies im Neokortex möglich wäre. Dieser schaltet sich später ein, und man kommt vielleicht zu der Erkenntnis, dass die Schlange ungiftig und harmlos ist, man könnte sie sogar anfassen. Dies führt dann zur Beruhigung. Die Amygdala befindet sich in einer ständigen »Habacht-Position«, sie gehört sozusagen zu unserem Alarmsystem. Die Wahrnehmung wird fortwährend auf gefährliche Situationen überprüft und mit der inneren Matrix verglichen. Da die Amygdala in der Lage ist, gefährliche Situationen zu identifizieren und spontane Gegenmaßnahmen zu initiieren, ist sie für das Überleben notwendig. Leider kommt es immer wieder auch zu Fehlalarmen. Ein solcher ist beispielsweise daran zu erkennen, wenn wir erschrecken, obwohl es sich um eine harmlose Situation handelt. Bei bestimmten Menschen sind Fehlalarme häufig und belastend.

Der Bereich im Gehirn, der realistisches logisches Denken ermöglicht, ist, wie gesagt, der Neokortex, der durch die Vorgänge in der Amygdala abgeschaltet wird. Das wird ganz besonders bei starken Angstattacken deutlich, wenn – buchstäblich – der »Verstand aussetzt«. Nach einer starken Erregung der Amygdala muss sich der Neokortex erst wieder einschalten, was meist mit zeitlicher Verzögerung geschieht, je nachdem, wie stark die Emotionen etwa bei einem Kontrollverlust waren. Eventuell ist man noch beeindruckt von der Heftigkeit der Gefühle.

Der Neokortex hat sich im Laufe der Jahrtausende immer weiterentwickelt. Die Hirnwindungen nahmen zu und damit die Intelligenz des Menschen.

Die Amygdala ist der Teil des Gehirns, in dem auch frühe emotionale Erfahrungen gespeichert sind. Die Hirnforschung bestätigt die Annahmen der ersten Psychoanalytiker[2], dass frühe Prägungen entscheidend für die emotionale Entwicklung sind und oft lebensbestimmenden Charakter haben. Diese Erkenntnis wird bei der Beschreibung, wie sich das Selbstwertgefühl entwickelt, eine wichtige Rolle spielen. Im Mandelkern werden die momentanen emotionalen Erlebnisse mit früheren Erfahrungen verglichen. Finden sich hier Ähnlichkeiten, wird der Mandelkern alarmiert und aktiviert genau die Gedanken, Gefühle und Reaktionsmuster, die vor langer Zeit eingeprägt wurden. Manchmal genügen auch geringe Ähnlichkeiten, um eine Kettenreaktion, z. B. von Ängsten, auszulösen.

Was passiert im Gehirn bei einem Kontrollverlust?

Wie oft und wie intensiv jemand die Kontrolle über seine Gefühle verliert, ist von Mensch zu Mensch unterschiedlich. Es gibt sie, Individuen, die eigentlich nie die Kontrolle über ihre Gefühle verlieren. Was auch geschieht, sie bleiben ruhig und überlegt. Das kann sogar andere zum verstärkten Ärger führen, wenn sie es nicht ertragen können, dass jemand trotz der offensichtlich aufregenden Situation teilnahmslos bleibt. Wenig oder keine Gefühlsregung zu zeigen, stört fast immer die soziale Kommunikation, die auch über den Austausch von Gefühlen stattfindet. Wer in einem Gespräch nicht »mitschwingt«, Gefühle unterdrückt oder nicht erkennen lässt, wird schnell langweilig. Das Gegenüber hat das Gefühl, keinen Kontakt zu haben, da etwas Entscheidendes fehlt. Wer hingegen in südeuropäischen Ländern Menschen beobachtet, die freundschaftlich miteinander in Kontakt sind, erkennt leicht, dass nicht nur das gesprochene Wort eine Bedeutung hat. Mindestens gleichwertig, wenn nicht bedeutender sind Gestik, Mimik und Intonation. Für kühle Nordländer erscheint alles übertrieben, überschwänglich und besonders gefühlsbetont. Mit Sicherheit spüren einige auch Neid, wenn sie so viel Temperament erleben.

Viel mehr als den meisten bewusst ist, können Kontrollverluste das Leben negativ beeinträchtigen. So wie es Menschen gibt, die fast nie die Kontrolle über ihre Gefühle verlieren, gibt es andere, die sehr häufig hierdurch in schwierige Situationen geraten.

> Frau G. ist leicht kränkbar, jede noch so geringe Kritik an ihrer Person bringt sie in emotionale Schwierigkeiten. Wie auf Knopfdruck verändern sich Denken und Fühlen. Sie geht in den »Verteidigungsmodus« und sucht nach Argumenten, um die Kritik zurückzuweisen. Was jetzt besonders auffällt, sind Übertreibungen, die im Denken von Frau G. zu beobachten sind. Sie glaubt, völlig wertlos zu sein, so als würde sie als Person absolut zurückgewiesen. Sie steigert sich in immer stärkere Wut hinein und wird die negativen Gefühle erst nach längerer Zeit wieder los. Die ständige Angst vor Kritik führt zu Zurückhaltung und übertriebener Vorsicht in zwischenmenschlichen Kontakten.

Natürlich kann Frau G. nicht immer und spontan ihren Ärger zeigen, etwa wenn Personen anwesend sind, die ihr besonders wichtig sind oder denen sie sich unterlegen fühlt. In diesem Fall schluckt sie ihren Ärger, der im Anschluss an die Szene viele Stunden, eventuell Tage anhalten kann.

Im Falle einer Kritik an ihrer Person übernimmt das emotionale Gehirn von Frau G. quasi die Regie. Das ist zwangsläufig der Fall, da es sich hier um einen automatischen Mechanismus handelt. Der gesamte Vorgang unterliegt nicht der willentlichen Kontrolle. Die Amygdala reagiert, da sie die Situation – Kritik zu erfahren – als bedrohlich für die Person empfindet. So erleben unendlich viele Menschen ihre Realität.

»Ich bin nicht *wütend!«* – So ruft Herr K. und glaubt das wirklich. Alle, die ihn beobachten, stellen jedoch eine deutliche Erregung fest. So sehr Herr K. bemüht ist, seinen Ärger nicht zu zeigen, gibt es offensichtlich in seinem Inneren etwas, das stärker ist. Der Ort, an dem starke Gefühle angesiedelt sind, ist das sogenannte Limbische System. Zentral sind hier die Amygdala und die darum herum liegenden Nervenbahnen und Schaltkreise zu nennen. Sie machen das emotionale Gehirn des Menschen aus. Manchmal hat uns das Limbische System im Griff, etwa bei starker Freude, in der Verliebtheit oder wenn wir sonst wie Rauschhaftes erleben. Aber auch bei starkem Ärger oder Hass. Mit etwas Abstand betrachtet würde man erkennen, dass in diesen Situationen das logische Denken in den Hintergrund tritt. Man ist beispielsweise für Argumente nicht zugänglich. Eventuell ist auch ein zeitlicher Abstand wichtig, damit der Blick für die gesamte Situation realistischer wird. Vor einer wichtigen Entscheidung erst eine Nacht zu schlafen ist in vielen Fällen eine weise Maßnahme.

Im Falle des Kontrollverlustes ist jedenfalls der Neokortex als rationale Instanz ziemlich ausgeschaltet. Im Limbischen System findet sozusagen eine Überschwemmung statt und unsere Gefühle haben uns im Griff. *Amygdala Highjacking* nennt der bekannte amerikanische Autor David Goleman diesen Zustand[3]. Hier hat Radikales stattgefunden. *Highjacking* bedeutet Entführung, völlige Inbesitznahme, Kidnapping. Damit wollte er einen Zustand beschreiben, der bei einem emotionalen Kontrollverlust entsteht. Wenn sich alles nur noch in der Amygdala abspielt, sind andere Hirnregionen quasi ausgeschaltet. Realistisches Nachdenken und Überlegen sind nicht möglich. Je mehr sich ein Mensch z. B. in seine Ärgergefühle hineinsteigert, umso weniger ist es ihm möglich, objektiv zu bleiben, und andere, etwa konträre Argumente, zu sehen bzw. zu akzeptieren. Wer mit starken Ärgergefühlen konfrontiert ist, tut immer gut daran, eine Zeit verstreichen zu lassen, bis die erste Wut vorüber ist, damit eine nüchterne Betrachtung der Begebenheit möglich wird. Dies zu wissen ist von zentraler Bedeutung, wenn es darum geht, den Kontrollverlust zu erforschen und gegebenenfalls zu vermeiden. Wenn es einmal passiert ist, kann man nur sehr schwer den Kontakt zum Neokortex herstellen und rationales Denken in den Vordergrund bringen. Der Kontrollverlust ist ja gerade ein Selbstläufer, der nur schwer zu stoppen ist. Wer ihn vermeiden will, sollte gar nicht erst anfangen, sich in seine Gefühle hineinzusteigern. Das ist mitunter leichter gesagt als getan.

Wie kommt es zu Kontrollverlusten?

> Stellen wir uns folgende Szene vor: Zwei Männer stehen an der Theke und trinken ihr Feierabendbier. Herr A. ist mit dem Tag, so wie er gelaufen ist, zufrieden. Er trinkt sein Bier aus und geht nach Hause. Herr B. spült erst einmal seinen Ärger hinunter. Er ist unzufrieden und langsam spürt er, dass der Alkohol seine Wirkung tut. Er fühlt sich erleichtert und bestellt ein weiteres Bier, um die Wirkung zu steigern.

Von außen ist der entscheidende Unterschied kaum zu erkennen. Tatsache ist jedoch, dass Herr B. Alkohol als Problemlöser missbraucht.

Das klassische Merkmal der Suchtkrankheit ist der Kontrollverlust. Ein Suchtmittel wie etwa Alkohol sollte emotionale Probleme lösen: Ärger, Unzufriedenheit, Angst, Trauer, Frustration etc. beseitigen. Das Problem beginnt mit der »Dosissteigerung«, das bedeutet, dass immer mehr Suchtmittel benötigt wird, um eine euphorisierende Wirkung zu erreichen.

Suchtkranken ist es schließlich nicht mehr möglich, eine Erleichterung zu erzielen, egal wie viel sie konsumieren. Exzessiver Konsum führt bestenfalls zur völligen Betäubung. Die Entzugserscheinungen zwingen zum weiteren Missbrauch der Droge. Die körperliche und psychische Abhängigkeit dominiert den Alltag. Dieses Wissen kann Suchtkranken helfen, abstinent zu bleiben. Wenn es sowieso keine positive Wirkung mehr geben kann, lohnt es sich nicht, wieder anzufangen.

Endorphine sind Botenstoffe, die ähnlich wie Opiate für positive Gefühle sorgen. Das emotionale Gehirn hat Rezeptoren, die für Endorphine empfänglich sind. Diese körpereigenen Drogen kann man z. B. durch Sport, etwa Joggen, erzeugen. Dies ist für die Gesundheit sehr positiv. Wer regelmäßig Sport treibt, sorgt für körperliches Wohlbefinden. Untersuchungen zeigen, dass Sport ein wirksames Mittel gegen Depression ist und auch das Immunsystem gestärkt wird. Problematisch wird dies jedoch, wenn versucht wird, mithilfe von Joggen emotionale Probleme zu bearbeiten. Es ist in Ordnung, wenn man sich mal den

»Frust von der Seele rennt«. Wird dies jedoch zum dauerhaften Problemlöser, reduziert sich allmählich die Wirkung der körpereigenen Droge, sodass man immer mehr investieren muss, damit die Wirkung eintritt. Der Kontrollverlust (man kann mit dem Joggen nicht mehr aufhören) zeigt wieder, dass mit falschen Mitteln versucht wurde, ein tieferes Problem zu lösen. Fast immer lässt sich dies auf ein gestörtes Selbstwertgefühl zurückführen.

Ein anderes Beispiel:

> Händewaschen kann die Angst vor Infektionen oder Schmutz beruhigen und spielt aktuell gerade in Zeiten von Corona eine wichtige Rolle bei prophylaktischen Hygienemaßnahmen. Wenn die Angst vor einer möglichen Infektion jedoch bald wieder da ist, muss man erneut die Hände waschen. Ständiges Händewaschen führt zu einer Zwangsstörung mit typischen Kontrollverlusten. Patienten mit Waschzwang müssen ihre Hände täglich viele Male waschen.

Emotional stabile Menschen nehmen sinnvolle Maßnahmen zum Schutz vor Infektionen in Anspruch, etwa Händewaschen. Emotional instabile Menschen entwickeln leicht übertriebene Ängste, z. B. vor Infektionen. Das häufige Händewaschen ist jedoch das falsche Beruhigungsmittel. Perfektionismus fördert letztlich die Ängste, da man nie gut genug ist und es keine absolute Sicherheit geben kann. Da Beruhigung nicht wirklich funktioniert, werden die Beruhigungsversuche intensiviert. Letztlich muss der Beruhigungsversuch scheitern. Jetzt hat der Mensch zwei Probleme. Die übertriebene Angst vor Infektionen, die durch häufiges Händewaschen stärker wird, und den Kontrollverlust über das Händewaschen. Diesbezüglich werden Selbstvorwürfe und Schuldgefühle entwickelt. In diesem Teufelskreis wird die emotionale Stabilität weiter geschwächt.

Der Ursprung war die übertriebene Angst vor Infektionen. Für eine Behandlung wäre hier anzusetzen. Für Betroffene ist es zunächst extrem schwer, auf ihr Beruhigungsmittel »Händewaschen« zu verzichten, da sich unweigerlich starke Ängste einstellen.

Hinter einem Waschzwang steht auch nicht selten der Versuch, Schuldgefühle zu bewältigen. Der uralte Spruch »Die Hände in Unschuld waschen« zeigt die Beziehung zwischen Schuld und sich reinwaschen. Objektiv gesehen ist jedoch klar, dass man Schuldgefühle nicht abwaschen kann. Sich beschmutzt fühlen, etwa nach sexuellem Missbrauch, kann ebenfalls zu einem Waschzwang führen, denn auch hier ist es nicht möglich, das Geschehene abzuwaschen.

Zu erkennen sind die Versuche, mit falschen Mitteln der Angst vor Infektion oder Beschmutzung Herr zu werden. Die Therapie geht den umgekehrten Weg. Betroffene werden mit Schmutz und Dreck an den Händen konfrontiert und spüren bald, dass die Angst schwindet, wenn man sich bewusst mit ihr konfrontiert.

Im Vorfeld von Kontrollverlusten geht es um ein Verhalten oder um Gefühle, die eine Beruhigung, Erleichterung oder Stimulierung erzeugen sollen. An vielen Beispielen lässt sich zeigen, dass ein typisches »Missbrauchsverhalten« stattgefunden hat. Damit ist gemeint, dass Betroffene versuchen, unangenehmen Gefühlen mit untauglichen Mitteln aus dem Wege zu gehen. Da dies nicht zum gewünschten Erfolg führt, wird der Einsatz gesteigert. Über Konditionierung wird die Wahrscheinlichkeit weiterer Kontrollverluste programmiert. Meist genügen dann bestimmte Auslöser, die den Selbstläufer initiieren.

Die Konditionierung eines Kontrollverlusts

Konditionierung ist der Fachbegriff dafür, dass das Gehirn lernt, wie auf Knopfdruck bestimmte Reaktionen zu zeigen. Das berühmteste Beispiel war der Pawlow'sche Hund. Dem russischen Verhaltensforscher Iwan Pawlow war es gelungen, zu beweisen, dass ein bestimmter Reiz, in dem Fall ein Glockenton, zu Speichelfluss bei einem Hund führte, da dieser Ton immer in Verbindung mit der Futterausgabe erfolgte. Der Glockenton löste schon nach kurzer Zeit den Speichelfluss auch dann aus, wenn noch kein Futter angeboten wurde. Das war der Beweis, dass das Gehirn auf bestimmte Reize reagiert, weil es sich erinnert. In der Fachsprache wird dieser Vorgang *Konditionierung* genannt. Darunter ist ein Lernvorgang zu verstehen, der automatisch abläuft, wenn bestimmte Reize eintreten. Auch hier ist ein gewisser Kontrollverlust zu beobachten, manchmal genügen kleine »Auslöser«, um das Gehirn zu starken Reaktionen zu animieren, deren man sich kaum erwehren kann.

Bei den weiteren Überlegungen wird sich immer wieder ein Problem zeigen: *untaugliche Problemlösungsstrategien.* Wie es zu Kontrollverlusten kommt, findet nach einem typischen Muster statt. Ein Verhalten soll Erleichterung verschaffen, da sich der Erfolg nicht in genügender Weise einstellen will, glaubt man, durch ein Mehr vom Selben das Ziel doch noch zu erreichen.

Das berühmte »sich in etwas Hineinsteigern« bedeutet, sich den Gefühlen ganz zu überlassen und dabei den Verstand auszuschalten. Nach dem Motto: *»Das ist mir jetzt völlig egal, ich will meine Wut, meinen Groll, meinen Hass jetzt ungebremst ausleben.«* Man sucht die Erleichterung, die Befriedigung, die Genugtuung. Ein Kontrollverlust über Gefühle, Gedanken oder Verhaltensweisen hat fast immer etwas mit Missbrauch zu tun. Missbrauch in dem Sinne, dass ein Verhalten praktiziert wird, das zwar eine direkte Erleichterung bringt, aber keine Lösung. Da dieser Missbrauch nicht immer offensichtlich ist, wird er oft nicht im Zusammenhang mit dem Kontrollverlust gesehen. So wie man Alkohol oder Drogen konsumiert, um die Stimmung zu verbessern, lassen sich auch Gefühle und Verhaltensweisen instrumentalisieren, um Effekte zu erzielen. Das ist ein so häufiger Vorgang, dass man ihn als »normales« menschliches Verhalten bezeichnen kann. Viele Menschen trösten sich mit Schokolade, wenn sie sich einsam oder frustriert fühlen. Problematisch wird das Ganze erst, wenn es sich verselbstständigt, wenn es immer wieder zu Kontrollverlusten kommt, ein unwiderstehlicher Drang vorhanden ist, immer mehr Schokolade zu essen. Weitere typische Verhaltensweisen, über die die Kontrolle verloren gehen kann, sind beispielsweise Glücksspiel, Sport, Sex …

An diesem Beispiel wird deutlich, dass eine Konditionierung stattgefunden hat. Wie auf Knopfdruck entgleiten Gefühle und werden quasi zum Selbstläufer.

Wenn man fragt, warum es immer wieder zu Kontrollverlusten kommt, dann sind Teufelskreise zu beobachten. Wer unter einem Kontrollverlust oder unter den Folgen leidet, tendiert zur Selbstabwertung. Er macht sich Vorwürfe und redet negativ mit sich selbst. *Warum bin ich wieder über das Ziel hinausgeschossen? Was denken jetzt andere über mich? Warum kann ich mich nicht beherrschen?* Durch die Selbstabwertungen wird die Psyche labilisiert. Dies ist wiederum die Basis dafür, dass es neue Kontrollverluste geben wird. Der Vorsatz, dass es so etwas nicht mehr geben wird – nie mehr –, gehört in aller Regel auch dazu.

Erklärsysteme

Typischerweise gibt es nach dem oder schon während des Kontrollverlustes ein »Erklärsystem«, eine Rechtfertigung, eine Beweisführung, warum alles so kommen musste. Meist bestehend aus Ausreden, skurrilen Erklärungen und Schuldzuweisungen.

Menschen, die häufiger Kontrollverluste erleben, leiden fast immer an einer grundsätzlichen emotionalen Labilität. Ein nicht gelöster Konflikt, eine Kränkung, die nicht verarbeitet wurde, eine Zurückweisung, eine Störung der Selbstwertentwicklung. Wenn es zu einer dauerhaften Veränderung kommen soll, gilt es, sich mit den Wurzeln dieser Labilität zu beschäftigen, tiefer zu bohren und das Selbstwertgefühl in das Zentrum der Aufmerksamkeit zu rücken, genauer: Die Entwicklung des Selbstwertgefühls.

Die meisten Menschen haben das Gefühl, dass sie immer die Kontrolle über ihr Verhalten, ihr Denken und Fühlen haben. Psychologische Experimente beweisen nachdrücklich das Gegenteil. Das subjektive Gefühl, selbstbestimmt zu leben, ist weitgehend eine Illusion, ob uns das passt oder nicht. Was wir denken, wie wir uns kleiden, was wir essen, wird von vielen Faktoren bestimmt. Wir leben in einer Zeit, in der bestimmte Denkmuster vorherrschen, die wir unbewusst übernehmen. (Zu jeder Zeit gab es typische Denkmuster; so auch jetzt.) Wie sehr beispielsweise Werbung manipuliert, weiß eigentlich jeder, allerdings hat dieses Wissen zum Vergnügen der Werbeindustrie keine große Wirkung, wir lassen uns weiter »einlullen«. Experten gehen davon aus, dass in den sozialen Medien schon jetzt die Manipulation extrem ist und zerstörerische Kräfte die Demokratie gefährden können.

Was im großen Stil in der Gesellschaft passiert, gelingt auch im persönlichen Bereich. So saß ich einmal mit einer Gruppe Patienten zum Kaffeetrinken in einem Restaurant. Plötzlich erklärte Frau H., eine spielsüchtige Patientin, dass sie nicht im Raum bleiben könne. Ein Glücksspielautomat in der Ecke mache typische Signale, die sie magisch anzögen. Es sei einfacher für sie, wenn sie den Raum verlasse.

Ich hatte das Geräusch bis dahin nicht bemerkt, jetzt wurde mir klar, dass der Automat tatsächlich in zeitlichen Abständen mit einer Melodie »Lockrufe« produzierte, für die ich keine »Antenne« hatte. Für Spielsüchtige sind diese Signale jedoch verheerend, da der Drang zum Spielen unwiderstehlich wird. Dieses Arrangement ist nicht die einzige hinterhältige Maßnahme der Spielindustrie, um Spielsüchtige zu verführen. Wenn Frau H. aus der Klemme kommen wollte, müsste sie lernen, dieses Signal zu hassen. Sie müsste augenblicklich realisieren, welches Elend sie durch ihre Spielsucht ertragen musste. Ihr Gehirn würde sie auf diese Weise

»umprogrammieren«. Der erste Schritt, den Raum zu verlassen, war richtig; mit etwas Abstand zu einer neuen Haltung zu kommen, wäre die nächste Aufgabe. Hier lässt sich Grundsätzliches erkennen: Solange Frau H. sich diesem lockenden Signal ausgeliefert fühlt, ist sie in der Opferrolle. Die innere Überzeugung lautet: *Das Signal ist stärker als ich.* Sobald es ihr gelingt, das Signal zu hassen, ist sie in der »Täterrolle«. Die innere Überzeugung lautet: *Ich gebe meine Selbstkontrolle nicht an primitive Verführungstechniken ab, ich bin frei, weil ich nicht mehr spiele. Ich hasse Spielautomaten, weil sie mein Leben vergiftet haben.*

Bestimmte Auslöser können zum Kontrollverlust führen. Das gilt tragischerweise auch für Gedanken. Bei Frau H. ist es die Nähe zu einem Glücksspielautomaten, der einen starken Impuls auslöst. Es ist nicht schwierig, diese grundsätzlich zu meiden, indem man sich nicht in ihre Nähe begibt. Für Spielsüchtige während der ersten Phase ihrer Abstinenz ist diese Distanz eine ratsame Maßnahme.

Das Gehirn produziert permanent Gedanken, und man trägt es immer bei sich. Darum ist es eventuell viel schwieriger, von Gedanken, die zu Kontrollverlusten führen, abstinent zu werden, zumal es einen Magneten zu geben scheint, der diese Gedanken förmlich anzieht. Aber auch hier ist es ratsam, auf das Problem zuzugehen und genau zu erforschen, welche Auslöser dies sind, wie sie benannt werden können. Sie gehören auf den Prüfstand, damit sie einer realistischen Bewertung zugänglich werden. Aus Angst vor der Angst wollen Betroffene mit den entsprechenden Auslösern möglichst nicht in Berührung kommen. Damit ist das eigentliche Problem beschrieben. Aber gerade die Konfrontation und die Auseinandersetzung mit dem Auslöser nimmt das Drama und damit schon viel von der Angst. Ein realistischer Blick auf das Problem hilft, die Dinge anders und besser einzuordnen. Auch hier geht es darum, die Opferrolle zu verlassen und in die Täterrolle zu gelangen. Ohne dass es zu einem Umlernprozess im Gehirn kommt, ist Veränderung nicht denkbar.

2. Amygdala-Klärung – eine Selbsthilfemethode

Amygdala-Klärung nenne ich eine Methode, die hilft, die Fehlreaktionen des Mandelkerns zu korrigieren. Sie ist mir bei den Recherchen zum emotionalen Kontrollverlust bewusst geworden. Wer weiß, welche Funktion die Amygdala hat, kann sein Verhalten und seine emotionalen Reaktionen besser verstehen. Wenn es darum geht, mehr Kontrolle über die eigenen Reflexe zu bekommen, ist eine gewisse Form der Aufmerksamkeit hilfreich. Vielen Menschen spielt die Amygdala einen Streich, nämlich dann, wenn sie Alarmzeichen sendet, die zu Angst, Wut oder sonstigen Überreaktionen führen, die der momentanen Situation jedoch nicht angemessen sind. Die Amygdala ist leider sehr häufig für falsche Signale verantwortlich. Sie kann sogar großes Unheil anrichten, nämlich dann, wenn sie ständig Angstsignale sendet, obwohl dafür kein Anlass vorhanden ist.

Das Leben der meisten Menschen wäre viel einfacher und angenehmer, wenn sie auf ihre unrealistischen, unpassenden, unangemessenen Ängste verzichten könnten. Diese sind überflüssig, können aber das gesamte Leben vergiften.

Fast jeder kennt die Situation, dass ihn ein mulmiges Gefühl beschleicht, wenn er auf einem hohen Turm steht, in einen tiefen Abgrund schaut, im Fernsehen eine dramatische Szene gezeigt wird, das Flugzeug rasant abhebt. Obwohl man sich in völliger Sicherheit befindet, will die Furcht nicht sofort weichen. Schuld ist die Amygdala, die spontan eine Situation erkannt hat, die als gefährlich identifiziert wurde. Jetzt geht es um die richtige Einschätzung. Zunächst kann man der Amygdala ein Kompliment machen, nämlich, dass sie funktioniert. Solche Einschätzungen, wie sie in diesem Augenblick passieren, können Leben retten. In wirklich gefährlichen Situationen brauchen wir spontane Impulse, die zum Handeln führen. Die Amygdala hat die Aufgabe, das tatsächliche Geschehen mit gespeicherten Inhalten zu vergleichen und Alarm zu schlagen, wenn Gefahr erkannt wird. Nachdenken ist zu umständlich, wertvolle Sekunden sind verloren, und möglicherweise wären dramatische Nachteile entstanden. Während der Autofahrt taucht plötzlich ein Hindernis auf, nur der spontane Tritt auf die Bremse kann einen Unfall verhindern. Der versierte Autofahrer macht dies, ohne nachzudenken. Im Neokortex (der Ort des logischen Denkens) wird die Situation erst anschließend analysiert: *Gerade noch mal Glück gehabt; das war knapp; gut, dass ich so wach war* … Aber eventuell ist die Chemie im Körper immer noch in Aufruhr, der Schock sitzt tief, die Knie zittern, im Magen ein flaues Gefühl … Allmählich kann man sich wieder beruhigen. Die realistische Einschätzung führt dahin, dass man sich wieder sicher fühlt.

Was kann man tun, wenn plötzlich ein unliebsames Gefühl entsteht, das nicht ins Geschehen passen will? Man lenkt die Aufmerksamkeit auf die Amygdala und darauf, was hier gerade geschieht.

Frau T. wird zu ihrem Vorgesetzten gerufen. Spontan überfällt sie Angst, sie fragt sich: Was will er von mir? Werde ich möglicherweise kritisiert? Habe ich etwas falsch gemacht? Dabei sind ihre Befürchtungen unberechtigt, denn als souveräne Mitarbeiterin waren die Kontakte mit ihrem Chef stets angenehm. Nachdem sie sich mit der Methode Amygdala-Klärung vertraut gemacht hat, stellt sie sich selbst die Frage, ob der Mandelkern ihr gerade wieder einen Streich spielt. Nach kurzem Überlegen ist sie sicher, dass dem so ist. Sie atmet tief durch und lässt ein Grinsen auf ihrem Gesicht erscheinen. Die Ängste verschwinden, sie wird neugierig und überlegt, dass sie mit allem fertigwerden wird.

Nicht selten stammen Ängste aus der Kindheit und belasten die Psyche im Hier und Jetzt. Hinzu kommen die zusätzlichen Selbstabwertungen, weil man »solche Ängste« hat, weil man sich klein und wenig selbstsicher fühlt. Mithilfe von Amygdala-Klärung wird eine realistische Einschätzung der Situation möglich (»Es ist ja nur die Amygdala, die mir gerade einen Streich spielt, das muss ich nicht ernst nehmen«) und die Angst verschwindet. Frau T. fühlt sich mutiger und kompetenter, als sie ihrem Vorgesetzten entgegentritt. Werden alte Ängste bewältigt, fühlen Menschen sich erwachsener und sicherer. Dies bedeutet, dass sie mehr positive Kontrolle über ihre Ängste gewonnen haben.

Schon wenn die Frage gestellt wird: *Spielt mir die Amygdala gerade einen Streich?*, wird die Aufmerksamkeit auf das realistische Denken gerichtet, der Neokortex wird aktiviert. Frau T. kennt diese und ähnliche Ängste schon lange. Bereits als Kind war sie schüchtern und lebte in der Angst, nicht zu genügen.

Stellen Sie sich vor, Sie wollen die neue Attraktion »Edge« in New York besuchen, eine Aussichtsplattform in 330 Meter Höhe. Sie schauen in die Tiefe, denn Sie stehen auf einem Glasboden. Die Amygdala schlägt Alarm, das ist ihre Aufgabe, unweigerlich stellt sich Angst ein. Eine Möglichkeit wäre, den Schritt nicht zu wagen. Sie entschließen sich jedoch, den Schritt auf den Glasboden zu tun – und spüren den festen Grund. Der Neokortex (der nüchterne Verstand) kann jetzt seine Arbeit tun und versichern, dass es keine Gefahr gibt. Die Angst überwunden zu haben ist ein gutes Gefühl. Tatsächlich lassen sich Ängste genießen, wenn man sie bewältigt. Wer vor seiner Angst zurückweicht, verstärkt sie unweigerlich. Wer auf seine Ängste zugeht, kann sie genießen.

An diesem Beispiel lässt sich das Grundmuster der Angstbewältigung zeigen. Um Amygdala-Klärung anzuwenden, bedarf es: Aufmerksamkeit, Verstand und ggf. Mut.

! Der Mensch ist das einzige Lebewesen, das sich über seine Ängste erheben kann. Mithilfe des Verstandes ist er in der Lage, seine Gefühle zu beeinflussen.

Immer wenn störende Gefühle auftauchen, ist die Frage berechtigt, ob sie aus früheren Programmen stammen, die in der Amygdala abgelegt sind. Man geht in eine erwachsene Position und klärt dies für sich selbst auf. In dem Moment, in dem jemand auf seine Ängste zugeht, kann der Ort des logischen Denkens, der Neokortex, die Regie übernehmen. Am Beispiel von Frau T. ist zu erkennen, dass sie ihre Angst als ein Relikt ihrer Kindheit erkannte, damit konnte sie aufhören, sie ernst zu nehmen. Darum geht es: die übertriebenen, unangemessenen Ängste nicht mehr ernst zu nehmen und sie hinter sich zu lassen. Statt der Angst entwickelte Frau T. Neugier, ein angemessenes Gefühl, und sie tat das Richtige, sie ging auf ihre Ängste zu.

Herr A. sitzt auf der Fahrt zu seiner Arbeitsstelle im Auto und fragt sich, ob er die Wohnungstür abgeschlossen hat. Er kennt diese Kontrollzwänge, die ihn schon oft dazu brachten, zurückzukehren und erneut zu prüfen, ob die Türe wirklich verschlossen ist. Auch diesmal würde er am liebsten wenden, um seine

Angst zu beruhigen. Da er sich mit Amygdala-Klärung vertraut gemacht hat, erkennt er, dass sein emotionales Gedächtnis ihm einen üblichen Streich spielt. Er weiß genau, dass ihn die erneute Kontrolle kurzfristig beruhigen würde, aber dass die gleichen Zweifel, sobald er die Fahrt zur Arbeit weiter fortsetzt, wieder auftauchen würden. Er entscheidet sich, seinem Verstand zu trauen und zur Arbeit zu fahren.

In diesem Fall war es richtig, die Amygdala in die Schranken zu weisen und ihr nicht zu folgen. Jeder kann sein emotionales Gedächtnis trainieren. Würde Herr A. erneut kontrollieren, wäre die Folge unweigerlich, dass sich das Problem weiter verstärkt, die Amygdala würde weiterhin falsch trainiert. Der Kontroll*zwang* würde letztlich zu einem Kontroll*verlust* führen. Umgekehrt ist zu erwarten, dass die klare Entscheidung, den Ängsten nicht nachzugeben, die Kontrollzwänge auf Dauer zum Verschwinden bringt. Für Menschen mit Zwängen ist wichtig, dass sie sich an sinnvolle Regeln halten und nicht rückfällig werden. Kontrollzwänge sind immer Kontrollverluste; nicht selten ist der Zwang stärker als der Wille, die Zwangshandlung nicht auszuführen.

Die Behandlung von Zwängen ist schwierig. Nur zu leicht werden Betroffene rückfällig und geben dem Drang nach, die Zwangshandlung wieder auszuführen. Dies wirkt auf der Stelle wie ein starkes Beruhigungsmittel, allerdings mit verheerenden Nebenwirkungen. Nicht nur die typischen Selbstverurteilungen nach dem Motto »*Wieder habe ich etwas Unsinniges getan*«, auch der Drang, sich das »Beruhigungsmittel« erneut zu beschaffen, wird verstärkt – ein Teufelskreis. An dieser Stelle kann Amygdala-Klärung helfen, indem sich Betroffene entscheiden, stärker zu sein als das, was der Mandelkern, das emotionale Gedächtnis, ihnen aufnötigen will.

Im Therapiegespräch berichtet Frau Z., dass sie extrem allergisch auf Berührungen ihres Rückens reagiere. Eine Freundin hatte ihr unvermittelt freundschaftlich auf den Rücken geklopft. Dadurch habe sie eine große Leere im ganzen Körper gespürt. Dies habe sie extrem erschüttert, und sie habe eine große Wut gespürt. Die harmlose Berührung verursachte eine starke Reaktion.

Die Erklärung ist in der Tatsache zu sehen, dass Frau Z. als Kind schweren Misshandlungen durch ihren Stiefvater ausgesetzt war. Immer wieder hatte er ihr für sie unberechenbar Schläge auf Nacken und Rücken gegeben. Die Angst vor plötzlichen Berührungen ist daher kein Zufall. Die Amygdala erkennt ähnliche Situationen, stuft sie als gefährlich ein und sendet entsprechende Signale.

Kinder, die schwer misshandelt werden, »dissoziieren«, das heißt, sie »verlassen« ihren Körper: ein Mechanismus, der hilft, die Misshandlung zu überstehen, der aber für die Seele auf Dauer schwerwiegende Folgen hat. Mithilfe von Amygdala-Klärung konnte Frau Z. ihre Reaktionen besser verstehen.

Frau M. wurde streng religiös erzogen. Als Kind war sie angepasst, aber sie litt unter den Einschränkungen. Ihr Bedürfnis, sich frei zu fühlen, war jedoch stark. Als erwachsene Frau leidet sie allerdings immer noch unter Schuldgefühlen, wenn es ihr besonders gut geht. Sie befürchtet, dass in naher Zukunft so etwas wie eine Bestrafung folgen wird. Ihr emotionales Gedächtnis spielt ihr hier einen bösen Streich. Nachdem sie sich mit Amygdala-Klärung vertraut gemacht hat, gelingt es ihr immer besser, schöne Dinge und Begebenheiten unbeschwert zu genießen. Nach dem Motto: »Manchmal spinnt meine Amygdala« – wischt sie die diffusen Ängste beiseite.

! Machen Sie sich frei von dunklen Ahnungen (wenn es denn solche gibt), denn sie gehören in die Zeit des Mittelalters. Setzen Sie an diese Stelle positive Erwartungen und glauben Sie mit Optimismus an die Zukunft. Starke innere Bilder tragen immer die Tendenz in sich, dass sie sich realisieren.

Alte, früh gelernte Ängste können das Leben einschränken. Dafür gilt es sensibel zu werden und mit Amygdala-Klärung die frühen Programmierungen zu bearbeiten. Das Ziel ist, freier, unbeschwerter und mutiger zu werden.

Amygdala-Klärung ist die innere Zwiesprache des Neokortex mit der Amygdala:

- Immer wenn sich störende Ängste melden, ist zunächst der Amygdala für ihre Arbeit zu danken, denn sie ist aktiv und erledigt ihre Aufgabe!

- Im nächsten Schritt ist die Berechtigung der Ängste zu klären.
- Ist die Angst berechtigt: Wie kann das Problem gelöst werden?
- Die meisten Ängste sind jedoch nicht realistisch, da die Amygdala falsche Signale sendet. In diesem Fall geht es darum, den Neokortex zu aktivieren und sich über die Ängste zu erheben, sie nicht ernst zu nehmen, über sie zu lachen und auf sie zuzugehen, das heißt, der Angst nicht zu folgen, die Angst zu überwinden und so zu handeln, als gäbe es sie nicht.
- Für eine andere Chemie im Körper sorgen: auf die Angst zugehen, Ablenkung, Meditation etc.

Unendlich viele Situationen sind denkbar, die von Amygdala-Klärung profitieren und besser bewältigt werden können. Beispielsweise wenn die Amygdala mich zu etwas animieren will, was ich nicht will:

> Frau K. ist es nach langem Zögern gelungen, sich aus einer destruktiven, giftigen Beziehung zu lösen. Sie weiß, dass sie ihrem Ex-Partner nicht den kleinen Finger reichen darf, damit sich das Drama nicht wiederholt. Auch wenn die Amygdala »Lockrufe sendet« (»Ich schaff es nicht alleine, ich habe Angst vor dem Alleinsein«), bleibt sie abstinent und gibt nicht nach.

> **!** Ein weiterer wichtiger Hinweis: Für die Amygdala spielt es keine Rolle, ob die Katastrophe in der Realität stattfindet oder »nur« in der Fantasie. Sie muss Alarm schlagen, wenn sie Gefahr erkennt.

In gleicher Weise laufen dann jedoch auch die zugehörigen Reaktionen im Körper ab: Genau wie in einer realen Gefahrensituation werden Stresshormone ausgeschüttet und das gesamte System in Alarmbereitschaft versetzt.

> Frau O. ist eigentlich kerngesund. Mithilfe ihrer Fantasie entdeckt sie jedoch immer neue mögliche Krankheiten, die sie bekommen könnte. Kleinste Körperreaktionen, die sie mit Argusaugen beobachtet, bewirken immer neue Ängste.

Das Krankheitsbild der Hypochondrie besteht darin, dass hier jemand sich Krankheiten »einbildet«, im wahrsten Sinne des Wortes. Starke Bilder führen zu starken Gefühlen und den entsprechenden körperlichen Reaktionen.

Der achtsame Umgang mit den eigenen Fantasien ist sehr zu empfehlen. Wer vor seinem geistigen Auge Unheil entstehen lässt, muss sich nicht wundern, wenn die Amygdala Alarm schlägt. Häufig lassen besonders ängstliche Menschen Trugbilder erscheinen. Nur der sachliche, nüchterne Verstand kann mithilfe des Neokortex zu einer realistischen Sicht verhelfen.

- Soll ich mit der Seilbahn auf den Berg fahren? (Eigentlich traue ich mich nicht, ich seh das Ding schon abstürzen.)
- Soll ich mit dem Vorgesetzten über einen höheren Lohn verhandeln? (Welche alten Ängste halten mich davon ab?)
- Soll ich mich trauen, eine Rede zu halten? (Habe ich Angst, nicht zu genügen?)
- Ich habe Angst im Gewitter …

In vielen Menschen existieren destruktive, geheime Programme (siehe den entsprechenden Abschnitt in Kapitel 7 »Das Selbstwertgefühl / Selbstwertanalyse«), dies bedeutet, dass sie Opfer bestimmter Glaubenssätze sind. Die Amygdala sendet Signale, die einschränken oder blockieren.

> Während der Kindheit von Frau L. herrschten große Geldsorgen. So gab es z. B. nur Kleidung aus zweiter Hand. Als erwachsene Frau hat sich ihre materielle Situation stark verbessert, trotzdem verspürt sie eine große Hemmschwelle, wenn es darum geht, sich selbst etwas zu gönnen, und fühlt sich seltsam blockiert. Neue Kleidung muss sie erst einmal eine Zeit lang weglegen, bevor sie sich traut, sie anzuziehen. Offensichtlich spielt ihr die Amygdala einen Streich, da sie an alten Mustern festhält. Mithilfe von Amygdala-Klärung verstand Frau L., dass sie die alten Programmierungen hinter sich lassen darf.

Wer Ängste erlebt, nimmt sie auf seine Weise wahr, und zunächst spielt es für Betroffene keine Rolle, ob es sich um eine reale Gefahr handelt oder um Relikte aus einer anderen Zeit. Die Angst ist dominant und wird als Belastung empfunden. Das Problem kann wie beschrieben mit Amygdala-Klärung bearbeitet werden. Viele werden sich, insbesondere zu Beginn der Übungen, selbst die Frage stellen: *Was soll ich glauben, ist die Angst berechtigt oder nicht? Ist die Situation wirklich gefährlich oder nicht?* An dieser Stelle kann nur der logische, nüchterne Menschenverstand helfen. Die bekannten Denkmuster sind dominant und lassen sich eventuell nicht so schnell beiseitewischen.

Dazu der aus meiner Sicht wichtigste Hinweis: *Bei der Klärung darf man sich helfen lassen!* Freunde, Verwandte, Kolleginnen und auch Therapeuten/Therapeutinnen können beim Erforschen der destruktiven Muster wichtige Hinweise liefern. Oft haben sie die nötige Distanz, die zu einer realistischen Einschätzung erforderlich ist. Wer beginnt, mit Amygdala-Klärung zu arbeiten, spürt, dass es funktioniert, Ängste werden zunehmend besser bewältigt. Dies hat einen sich selbst verstärkenden Effekt, der zu mehr Selbstsicherheit führt. Die Blockaden aus der Kindheit werden nicht nur überwunden, sondern verschwinden meist dauerhaft.

Das erfolgreichste Rezept gegen unrealistische Ängste ist: Genau das zu tun, wovor man Angst hat.

Wenn dies erledigt ist, stellt sich Erleichterung ein. Man darf jetzt mit Recht stolz auf sich sein. Unsere technisierte Welt ist arm an Abenteuern. Die Bewältigung von Ängsten kann ein kostenloser Nervenkitzel und ein Abenteuer sein. Wer seine Ängste besiegt, verschafft sich ein Plus an emotionaler Stabilität. Mit Amygdala-Klärung kann die soziale Kompetenz eines Menschen deutlich verbessert werden. Viele alltägliche Ängste sind völlig überflüssig. Wer beginnt, mit dieser Methode zu arbeiten und sich traut, auf seine Ängste zuzugehen, zunächst auf die weniger starken, später dann auch auf stärkere Ängste zuzugehen, wird tatsächlich mutiger und selbstsicherer, weil er weiß, dass es lediglich die Amygdala ist, die ihm einen Streich spielt.

Die Amygdala reagiert bei jedem Menschen anders. Es ist also sinnvoll, die eigenen typischen Reaktionen zu kennen. Die Frage lautet, wann und wo, in welchen Situationen spielt mir die Amygdala einen Streich? Es ist sinnvoll, sich im Alltag nur für diese Frage zu öffnen. Mit Sicherheit sind es wiederkehrende Situationen, die auffallen. Wenn eine Situation verpasst wurde, ist das nicht weiter schlimm, denn sie wird wieder eintreten. Es ist davon auszugehen, dass die Amygdala uns viel häufiger einen Streich spielt, als uns dies bewusst ist. Auf diese Weise wird das Selbstbewusstsein gestärkt: *Ich bin mir meiner selbst bewusst, weil ich die typischen Reaktionen meiner Amygdala besser verstehe und kenne!* Nichts wird schneller verdrängt und vergessen als unliebsame Wahrheiten über das eigene Verhalten. Daher ist es hilfreich, die typischen Situationen schriftlich festzuhalten:

- Welcher Ärger bringt mich immer wieder auf die Palme?
- Welche Person ist ein rotes Tuch für mich?
- Welchen Ängsten begegne ich immer wieder?
- Welche Themen verursachen starke Gefühle?
- Welcher Neid stellt sich immer wieder ein?
- Welches geheime Programm meldet sich immer wieder?
- Leide ich immer wieder unter unrealistischen Schuldgefühlen?

! Wenn Sie mithilfe von Amygdala-Klärung eine Situation gut bewältigt haben, schildern Sie mir diese gerne unter www.hproehr.com. Indem Sie die Situation aufschreiben, gewinnt sie an Tiefe, das wird Ihnen helfen, in ähnlichen Situationen geschickt zu reagieren. Ich werde möglichst viele Beispiele sammeln und, natürlich anonymisiert, zur Hilfestellung veröffentlichen. Das Ziel ist, sich selbst und anderen zu helfen.

3. Kontrollverlust über Sorgen – Grübeln

Menschen reden unablässig mit sich selbst, ein völlig normaler Vorgang. Im Falle von Stress rasen die Gedanken durch den Kopf und lassen sich kaum beruhigen, ein anderes Mal bewegen sie sich in ruhigen, geordneten Bahnen.

Stellt sich ein Problem, ist Denken die richtige Maßnahme. Nur so findet sich eine Strategie, um das Problem zu lösen. Ist die Strategie gefunden, kann ich zur Tat schreiten. Ohne Nachdenken ist ein unabhängiges, selbstbestimmtes Leben nicht vorstellbar. Wer nicht selbst Lösungen für Probleme kreiert, ist darauf angewiesen, dass andere dies für ihn erledigen. Sein Leben wird in sehr abhängigen Bahnen verlaufen.

Zielgerichtetes, konstruktives Denken lässt sich mitunter nur schwer von sorgenvollem Grübeln unterscheiden. Denn bevor es eine Lösung gibt, werden die Möglichkeiten innerlich »durchprobiert«, hin und her geschoben, alle Eventualitäten gecheckt. Wenn eine Strategie gefunden ist, wird eine Erleichterung spürbar: Hurra, die Lösung ist gefunden! Der betreffende Mensch fühlt sich zufrieden und in seinem Selbstvertrauen gestärkt. Entscheidend ist, dass eine Strategie gefunden wurde. Erst mache ich A, dann B, dann C. Wer seinen Gedanken eine Struktur gibt, wird seine Ängste deutlich vermindern und einen Weg aus dem Gedankenkreislauf finden. In vielen Fällen passiert dies automatisch. Wenn dies jedoch immer wieder nicht gelingt, sondern häufig neue Aspekte zur selben Thematik hin und her gewälzt werden, ohne dass dies zu einer Lösung führt, dann handelt es sich mit größter Wahrscheinlichkeit um Grübeln. Für die Psyche ist Grübeln immer schädlich, oft besteht Handlungsbedarf. Der erste Schritt ist, das Problem zu erkennen.

Grübeln, das weit unterschätzte Problem

Wie sehr Grübeln für viele psychische Störungen und psychosomatische Krankheiten verantwortlich ist, wurde lange Zeit unterschätzt. Gerade der Umgang mit negativen Gedanken ist für viele Menschen ein Problem, für das sie keine geeignete Lösung haben.

! Nachdenken ist das Instrument, um Probleme zu lösen. Finden wir keine Lösung, suggeriert nicht selten ein unbestimmtes Gefühl, dass durch intensiveres Nachdenken doch noch eine Lösung gefunden werden könnte. Liegt die Lösung für ein Problem in der Zukunft bzw. ist nicht möglich, kann noch so viel Nachdenken nicht weiterhelfen, sondern läuft ins Leere, in diesem Fall ist Nachdenken schädlich! Wir geraten in einen Teufelskreis und fangen an zu grübeln.

Da keine wirkliche Lösung zu erkennen ist, entsteht Stress, der die Ausschüttung von negativen Botenstoffen bewirkt. Stresshormone wie Adrenalin und Noradrenalin werden freigesetzt, laufen aber quasi ins Leere, da sie nicht in tatsächliche Handlung umgesetzt werden.

Das Gehirn erlebt bei Grübeln somit Ähnliches wie ein Motor, der seine Energie nicht abgeben kann. Das Auto steht, und der Motor, da er mit Kraftstoff überversorgt wird, läuft immer schneller. Fachleute sprechen davon, dass ein Motor überdrehen kann, mit der Folge, dass er sich selbst zerstört. Menschen, die in die Grübelfalle geraten sind, erleben auch ein »Überdrehtsein«. Das gesamte psychische System steht unter Hochspannung und Stress und kann im Extremfall entgleisen.

Grübeln ist für viele psychische und körperliche Beschwerden verantwortlich. Allzu oft werden körperliche Schmerzen nicht mit zwanghaftem Grübeln in Verbindung gebracht. Ähnlich wie bei dem Motor, der überdreht, wird die mobilisierte Energie nicht abgeleitet. Verspannungen und Verhärtungen der Muskulatur und/oder Entzündungen der Nervenbahnen, der Haut, der Organe sind die Folge und bewirken Schmerzzustände, die unerträglich erscheinen können. Wie die körperlichen Reaktionen sich niederschlagen, ist unterschiedlich. Bei einigen steigt der Blutdruck, bei anderen führt der Stress zur Übersäuerung, manchmal auch zu Schmerz, für den es keine körperliche Ursache gibt. Oft ist der Magen-Darm-Trakt betroffen, sodass es hier zu Entzündungen und Reizungen kommt, die wiederum weitere Auswirkungen auf den gesamten Organismus und das Immunsystem haben können. Die gesamte Chemie des Körpers wird durch die psychische Überforderung belastet und mehr oder weniger aus dem Gleichgewicht gebracht.

Wenn es sich um chronifizierte Prozesse handelt, sind die Langzeitfolgen oft besonders problematisch. Menschen nehmen beispielsweise starke Schmerzmittel (was im akuten Fall richtig und notwendig ist), die bei dauerhafter Einnahme zu einem Kontrollverlust und zur Suchtentwicklung führen, oder auch Schlaftabletten, die auf Dauer abhängig machen und das Schlafen sogar verhindern. Grübeln labilisiert die Psyche, soziale Fähigkeiten werden reduziert. Ständige Besorgtheit raubt den Raum für Besseres. So unangenehm die »Nebenwirkungen« von Grübeln auch sind, so tragen sie doch eine wichtige Botschaft in sich: *Der Körper schreit förmlich um Hilfe.* Er übernimmt den Stress der Psyche und will zum Handeln zwingen. Leider werden die Signale oft nicht verstanden und richtig gedeutet. Kein Wunder, wenn es dann zu einer Verschärfung der Symptome kommt!

Fast jeder kennt den Kontrollverlust über Grübeln und sich Sorgen. Da ist ein Problem, welches beunruhigt und ängstigt, die Gedanken drehen sich im Kreis, eine Lösung lässt sich nicht erkennen. Ein Außenstehender würde feststellen, dass es mit dieser Form des Grübelns und Nachdenkens keine Lösung geben *kann.*

Die Heizung macht ein verdächtiges Geräusch, das immer schlimmer wird. Lange wird das nicht mehr gut gehen. Die Reparatur wird sehr teuer sein. Hätte ich doch den teuren Mantel nicht gekauft, ich habe doch jetzt schon kaum noch Geld. Wenn es kalt in der Wohnung wird, werden wir alle krank, Michael hat keine Widerstandskräfte. Ich werde mir Geld leihen müssen, wie soll ich das zurückzahlen? Ich werde nie mehr auf einen grünen Zweig kommen, was ist, wenn ich meinen Job verliere? …

Nachdenken und Grübeln sind völlig unterschiedliche Leistungen des Gehirns. Positive Ansätze zur Problemlösung fragen immer nach dem Machbaren: Was wäre der erste Schritt im Falle der möglicherweise defekten Heizung? Eventuell wäre es richtig, einen Monteur zu rufen, bevor die Heizung ihren Dienst komplett aufgibt. Dann sollte dies so schnell wie möglich passieren, denn Warten kann die Reparatur verteuern. Sinnvolle Fragen wären: Wer kann mir raten bzw. helfen? Wenn das Problem gelöst wird, kann man mit dem Grübeln aufhören.

Tatsache ist, dass in vielen Fällen eine gewisse Machtlosigkeit gegeben ist. Ob die erwachsene Tochter oder der erwachsene Sohn den falschen Beruf wählt, zu wenig Ehrgeiz entwickelt, zu viel Geld ausgibt, kann für Vater oder Mutter ein starkes emotionales Problem sein und Ängste auslösen, die sich durch Grübeln jedoch nicht ändern lassen. Ob die Börsenkurse fallen oder steigen, wie die Ernte ausfällt, wie ein Prüfer auf meine

Antworten reagiert, welche ... Um doch zu einer Lösung zu kommen, werden immer neue Möglichkeiten und Eventualitäten durchdacht. Man ist beschäftigt mit endlosen Schleifen von einer Sorge, die dann in die nächste mündet. Es erscheint unmöglich, sich von den Ängsten zu befreien. Im Hintergrund fühlt man diese Angst wie ein ständiges bedrohliches Rauschen. Der psychische Apparat ist von dem permanenten Sorgenkreislauf immer stärker gefordert und in seiner Stabilität gefährdet.

Der Kern des Grübelns ist Angst! Dies ist meist wenig bewusst. Das zu wissen spielt aber für die Bewältigung des Problems eine wichtige Rolle. Da ist eine mehr oder weniger starke Angst, die man auflösen möchte. Beispielsweise die Angst, etwas Falsches gesagt zu haben oder dass man sich blamiert haben könnte oder bestimmte Schwächen habe oder sonst wie nicht genügen könnte. Die Themen, über die Menschen grübeln, sind unerschöpflich. Manchmal reichen bestimmte Ereignisse, die in den Teufelskreis des Grübelns führen: *Der Vorgesetzte hatte heute einen mürrischen Gesichtsausdruck, hat das was mit mir zu tun? Habe ich etwas falsch gemacht?*

Fast immer geht es um etwas, das nicht eintreten soll, etwas, das nicht so sein soll, etwas, das man keinesfalls akzeptieren möchte.

Typisch für Eltern ist die Sorge um ihre Kinder.

Frau P. sorgt sich darum, dass ihre Tochter in ihren Augen den falschen Partner wählt. Da diese das Erwachsenenalter längst erreicht hat und eigene Entscheidungen trifft, ist eine Beeinflussung nicht möglich. Frau P. hat jedoch ständig neue Bilder von den zukünftigen Katastrophen vor Augen, in die ihre Tochter geraten wird. Die Gedanken lassen Frau P. nicht los, sie verfolgen sie bis in ihre Träume. Nachts wird sie von Albträumen aufgeschreckt und entwickelt psychosomatische Symptome wie Migräne, Schlafstörungen, Rückenschmerzen und Muskelverspannungen. Das negative Gedankenkarussell drückt ihre Stimmung. Frau P. sieht wenig Positives in ihrem Leben, und depressive Gefühle werden immer stärker.

Frau P. ist in eine typische Grübelfalle geraten. Die Ängste von Frau P. sind verständlich. Wer bleibt kalt, wenn er sieht, wie das eigene Kind auf ein Unglück zusteuert? Jedoch macht sie entscheidende Fehler, die den Kontrollverlust über ihre Sorgen, über ihre Gedanken und die daraus resultierenden Nachteile und Symptome bewirken. Von höchster Bedeutung ist es, zunächst zu verstehen, wie Frau P. versucht, das Problem zu lösen. Objektiv betrachtet kann sie das Verhalten der Tochter nicht ändern. Dennoch versucht sie, ihrer Angst Herr zu werden, indem sie alle Möglichkeiten durchdenkt. Gedankengänge werden zwanghaft wiederholt, manchmal haben sie einen völlig unrealistischen Charakter: *Man müsste meine Tochter entführen oder ihren Partner entführen lassen …* Obwohl die Problematik sich so nicht löst, beschleunigt sie die Denkvorgänge. Alle nur denkbaren Szenarien in der Vorstellung durchzuspielen, trägt die vage Hoffnung in sich, dass es vielleicht doch eine Lösung geben könnte. Nach dem Motto »*Es muss doch eine Lösung geben*« darf man nicht aufgeben. Manchmal ist Denken ein funktionierender Problemlöser, nämlich dann, wenn dies zu einem brauchbaren Ergebnis führt.

In vielen Fällen ist Denken aber keine erfolgreiche Strategie, da es keinen Ausweg geben kann. Das Grübeln hat jetzt die Funktion, irgendwie eine Beruhigung zu bewirken und eine vermeintliche Kontrolle wiederherzustellen, damit man sich mit der unabweisbaren Tatsache nicht abfinden muss. Diese Illusion wirkt suggestiv und darf nicht aufhören, also – immer mehr vom Selben. Nur bei einer sehr genauen Untersuchung wird deutlich, dass man dringend eine Beruhigung braucht, und Betroffene glauben, diese auch erreichen zu können, mit noch intensiverem Denken. Man erreicht das Ziel nicht, aber man tut wenigstens etwas, man ist sozusagen »unterwegs«, das erscheint viel besser, als nichts zu tun. Denken wird als der Problemlöser »missbraucht«. Missbrauch führt in den Kontrollverlust und in die Sucht. Das Grübeln ist in einen süchtigen Teufelskreis geraten, man kann nicht mehr damit aufhören. Der Kontrollverlust führt zu all den negativen Folgen, die durch die Überbelastung des psychischen Apparats zu beklagen sind. Menschen, die in diesen *circulus vitiosus* geraten, werden wie bei einer Gehirnwäsche in ihrer Persönlichkeit verändert. Mit etwas Abstand betrachtet erkennt man, dass sie diese Gehirnwäsche an sich selbst vornehmen, natürlich in bester Absicht.

Wenn man ein Verhalten so intensiv pflegt, muss es einen (scheinbaren) Gewinn geben, auch wenn es daneben so unangenehme Begleiterscheinungen gibt:

- Mit Grübeln lassen sich die Dinge besser verstehen und tiefer durchdringen.
- Die selbstquälerischen Gedanken sind eine gerechte Strafe.
- Lieber vom Schlimmsten ausgehen, als enttäuscht zu werden.

- Wenn ich grüble, tue ich Wichtiges und komme meiner Verantwortung nach …

Von außen betrachtet wird deutlich, dass Grübeln nur Nachteile hat. Betroffene verteidigen ihr Grübeln mit ihrem eigenen Erklärsystem. Tatsächlich aber schadet Grübeln der Stimmung. Grübeln zieht die Stimmung unweigerlich nach unten, möglicherweise bis zur völligen Hoffnungslosigkeit – da es um Dinge geht, für die es keine Lösung gibt.

Menschen, die sich ständig sorgen, sind für andere nicht selten anstrengend. Man kann ihnen das Grübeln nicht ausreden und möchte daher lieber auf Distanz bleiben.

Sorgen machen Sorgen! Wer in Grübelzwänge gerät, kommt auf immer neue Befürchtungen und Ängste. Während bei Frau P. vor ihrem geistigen Auge ständig neue bedrohliche Bilder bezüglich der Zukunft ihrer Tochter entstehen, beobachtet sie gleichzeitig die Vorgänge in ihrem Körper genau. *Da ist ein leichter Schwindel, der Angst auslöst, die Herzstiche könnten zu einem Infarkt führen, vielleicht ist es Krebs, weil es im Bauch so rumort …* Aus der ursprünglich einen Angst sind viele Ängste geworden.

Da ist ein Umstand, mit dem man sich nicht abfinden kann, ein seelischer Schmerz, der unerträglich scheint und den man glaubt, nicht ertragen zu können. Man möchte immer nur »Nein« schreien: Nein, das darf nicht so sein! Hirnforscher haben nachgewiesen, dass seelischer Schmerz dieselben Hirnareale aktiviert wie körperlicher Schmerz, nämlich das Schmerzzentrum.

Wenn jemand versuchen wollte, Frau P. ihr destruktives Grübeln zu nehmen, ihr etwa erklärt, wie unsinnig ihre Grübelei ist und dass sie so psychosomatische Störungen ertragen muss, wird mit größter Sicherheit mit ihrem »Erklärsystem« konfrontiert. Sie wird ihr Verhalten irgendwie zu rechtfertigen suchen, Frau P. wird erklären, dass ihr Grübeln richtig und notwendig ist. Denn irgendwie muss sie doch eine Lösung finden. Dass dies bisher noch nicht gelungen ist, bedeute doch nicht, dass es sie nicht gibt … Ihr Grübeln aufzugeben wäre wie ein Verrat an der Tochter. Sonst gibt es doch niemanden, der sich um ihr Kind sorgt. Frau P. wird zunächst an ihrer Überzeugung, das Richtige zu tun, festhalten. Der Glaube ist die stärkste Energie im Menschen, solange sich dieser nicht ändert, ist eine Korrektur unmöglich.

> Der typische Grübler verteidigt sein Grübeln wie ein Süchtiger sein Suchtmittel. !

Richtig ist, dass man als Außenstehender dem Grübeln gegenüber machtlos ist. Der Einzige, der etwas verändern kann, ist der/die Betroffene selbst. Der erste Schritt ist daher Aufklärung über die Dynamik des Grübelns. Nur so ist die für eine Veränderung notwendige Klarheit gegeben und das erforderliche Verständnis wird ermöglicht. Der erste Schritt ist also die (Selbst-)Diagnose. Wenn die folgenden Fragen überwiegend mit Ja beantwortet werden, besteht Handlungsbedarf.

- Gibt es etwas, womit ich mich nicht abfinden will/kann/darf? Wenn ja, was ist es?
- Habe ich vor etwas Angst?
- Kann ich mit dem Grübeln nicht aufhören (Kontrollverlust)?
- Gerate ich immer wieder mit den gleichen Themen in ein Gedankenkarussell?
- Leide ich unter dem Stress des Grübelns und habe ich bereits Symptome wie Schlafstörungen, Kopfschmerzen, Herzprobleme, Rückenschmerzen, Magen-Darm-Beschwerden …?
- Werden meine Ängste immer größer? Kann ich kaum an etwas anderes denken, nehme ich die grüblerischen Gedanken überallhin mit, kann ich nicht mehr abschalten, lassen die Gedanken mich nicht mehr los?
- Glaube ich, dass Grübeln der richtige, angemessene Weg ist?

Bei der Erklärung wirksamer Strategien, die aus dem Teufelskreis hinausführen, geht es darum, vom Grübeln ins Nachdenken zu gelangen. Wer Ängste mit Denken beseitigen will, gerät leicht in die Grübelfalle. Ängste lassen sich nur mit Handeln bewältigen, nicht mit Denken allein. Eine Handlung wäre z. B., das Grübeln auf den Prüfstand zu stellen.

Für Frau P., die das Verhalten ihrer Tochter ändern möchte, wäre zunächst eine realistische Auseinandersetzung notwendig. Besonders einen Umstand sollte sie verstehen: Wenn Eltern versuchen, die Partnerwahl ihrer Tochter oder ihres Sohnes zu beeinflussen, reagieren diese fast immer mit Trotz. Nach dem Motto: *»Jetzt erst recht, ich lasse mir nicht diktieren, mit wem ich zusammen bin.«* Günstiger wäre daher, wenn Frau P. ihrer Tochter signalisieren würde, dass sie allein die Verantwortung für ihr Leben hat und dass sie auf ihre Partnerwahl nie Einfluss nehmen wollte.

An einem einfachen Beispiel lässt sich zeigen, dass es nicht leicht ist, Gedanken einfach zu beenden:

> Der Zen-Meister gibt seinem Schüler einen Auftrag: »Denke eine Woche nicht an den Affen!«
> Nach einer Woche kommt der verzweifelte Schüler wieder zum Meister und sagt: »Meister, nimm bitte den Baum mit hundert Affen aus meinem Kopf!«

Gerade der Versuch, an eine bestimmte Sache *nicht* zu denken, verschlimmert das Problem. Schon die Erinnerung, etwas nicht tun zu wollen, lenkt die Aufmerksamkeit unweigerlich auf das Thema. Es bedarf also wirksamer Vorgehensweisen zum Erfolg.

Grundsätzlich gilt: Wer in die Grübelfalle geraten ist, hat jetzt zwei Probleme, erstens das Problem, das ihn sorgt oder ängstigt, und zweitens, dass er mit dem Grübeln nicht mehr aufhören kann. Oft ist das zweite Problem das schlimmere.

Strategien zum Grübelstopp

Strategie Nr. 1: Stopp!

Chronische Sorgen, die sich in endlosen Kreisen drehen, bedürfen einer radikalen Behandlung. Der Kontrollverlust ist dafür verantwortlich, dass man glaubt, sich nicht lösen zu können, insofern also immer weiter grübeln muss. Alles beginnt damit, den Gedankenfluss zu stoppen. Man gibt sich innerlich ein Stopp, und wenn man allein ist, sagt man laut: *Stopp!* Dabei kann man die Arme hochreißen, einmal kurz in die Knie gehen und sich wieder aufrichten oder rhythmisch mit den Händen auf die Schenkel klopfen. Körperbewegung hilft, eine neue Chemie im Nervengeflecht zu erzeugen. Auch wenn die Versuchung unwiderstehlich erscheint, die destruktiven Gedanken fortzusetzen, geht es jetzt darum, abstinent zu bleiben. Manchmal hilft auch eine radikalere Methode: heiß und kalt duschen. Dies führt ebenfalls zur Veränderung der körpereigenen Chemie.

Strategie Nr. 2: Das Problem auf den Punkt bringen

Damit ist gemeint, dass es um realistische Lösungen geht. Mit Grübeln löst man keine Probleme, sondern mit der richtigen Strategie. Die Frage lautet: Was kann ich tun? Wenn ich etwas ändern kann, dann sollte ich die Dinge bei der ersten Möglichkeit in Angriff nehmen. Wenn ich nichts ändern kann, dann ist die einzig richtige Methode, mich mit Tatsachen abzufinden: Dinge akzeptieren, die ich nicht ändern kann! Das ist mitunter schwer und erscheint eventuell unmöglich. Wer grübelt, steht fast immer vor dem Problem, dass er gerade in diesem Moment nichts ändern kann. Dies zu akzeptieren ist also notwendigerweise der erste Schritt. Was ich jetzt jedoch tun kann, ist, eine Entspannungstechnik anzuwenden. Auf diese Weise werden die Gedanken auf einen anderen Gegenstand (Meditationsgegenstand) gelenkt.

»Das halte ich nicht aus, das ertrage ich nicht!«, so die häufige Argumentation. Realistischer ist der Satz: *Ich halte alles aus, es sei denn, ich sterbe daran.* In den allermeisten Fällen wird man zugeben müssen, dass man nicht daran stirbt, sondern dass man sich mit unliebsamen Zuständen nicht abfinden will. Mithilfe der Selbstreflexion stellt sich die Frage: Will ich nicht oder kann ich nicht? Meist lautet die Antwort: Ich will nicht! (Ich könnte, aber es erscheint mir zu schwer.) Die Folge ist ein Kontrollverlust über Grübeln. Wer in der Grübelfalle steckt, sollte unbedingt die Frage stellen: *Womit will ich mich nicht abfinden?* Sobald diese Frage gestellt wird, wird der Neokortex mit einer sinnvollen Aufgabe beschäftigt. Beim Stellen der Frage richtet sich die Aufmerksamkeit auf ein lösbares Problem.

Frau P. müsste also selbst zu der Einsicht gelangen, dass ihre Tochter eigene Entscheidungen trifft, dass ihre Angst womöglich berechtigt ist, aber dass das Problem nicht mit Grübeln, sondern nur mit Loslassen zu bewältigen ist. Die Tatsache, dass sie unter Grübelzwängen leidet, psychosomatische Beschwerden entwickeln musste, ist endlich als ein Hinweis der Seele zu verstehen, dass sie falsche Lösungen sucht. Jetzt geht es darum, dies zu akzeptieren und realistische Schritte zu tun, die zu einer Lösung führen.

Strategie Nr. 3: Abstinenz

Jeder, der schon einmal in einer Grübelfalle steckte, weiß, dass die Themen beim geringsten Auslöser wie auf Knopfdruck wieder von vorne losgehen – der Kontrollverlust ist stärker als der Mensch. Die Kunst besteht jetzt darin, abstinent zu bleiben von der Sorge. Damit ist jedoch nicht gemeint, zwanghaft nicht an das Problem zu denken. Dies würde bedeuten, den »Baum voller Affen« zu pflegen. Abstinenz meint, dass jetzt alles recht ist, was ablenkt, was neue, bessere und andere Gedankeninhalte hervorbringt. Ablenkung ist daher wichtig und unverzichtbar. Eine Methode abstinent zu bleiben ist z. B. zielgerichtete und befriedigende Arbeit. Wenn es zu einem Rückfall kommt, ist jede Selbstabwertung und Selbstkritik unangemessen. Etwas, was Tage, Wochen und Monate den Geist beschäftigt hat, lässt sich nicht so leicht abschütteln. Wie von einem Magneten fühlen sich Betroffene von ihrem typischen Grübelthema angezogen und geraten wieder in den Teufelskreis – ein Hinweis, dass noch keine ausreichende Lösung gefunden wurde. Wichtig ist der verständnisvolle, liebevolle Umgang mit sich selbst. Rückfälle gehören dazu. Entscheidend ist jetzt, dass man wieder von vorne mit einem *Stopp* beginnt und erneut für eine andere Chemie sorgt. Frau P. würde folgender Satz helfen: *Ich lasse los und vertraue dem Leben.* Sie braucht neue Themen für ihr eigenes Leben. Für sie selbst und auch für ihre Tochter wäre ein Wechsel des Blickwinkels die Lösung. Neuer Sinn, Freunde, Hobbys, ehrenamtliche Aufgaben im sozialen Feld … Zunächst wird Frau P. behaupten, dass sie daran kein Interesse habe. Die Angst um ihre Tochter war das dominante Thema, daher scheint alles andere keine Bedeutung zu haben. In diesen und ähnlichen Fällen spricht man von emotionaler Abhängigkeit. Darum ist es von höchster Bedeutung, dass Frau P. versteht, dass es um Loslassen geht. Es geht darum, zu erkennen, dass sie für ihre Tochter etwas Sinnvolles tut, indem sie für sich selbst sorgt. Eine unabhängige, zufriedene Mutter ist das beste Modell für eine Tochter. Das Gehirn steht vor einem »Umlernprozess«.

Strategie Nr. 4: Hier und Jetzt

Wenn man in die Köpfe der Menschen hineinschauen könnte, würde man ihre Selbstgespräche kennenlernen, die sie permanent mit sich führen. Das wäre manchmal lustig, manchmal traurig. Was man auf jeden Fall feststellen würde, wäre die Tatsache, dass sie sich vorwiegend mit ihrer Vergangenheit oder mit Sorgen bezüglich ihrer Zukunft beschäftigen. Nur selten richtet sich die Aufmerksamkeit auf das Jetzt. Viele Menschen verbringen Jahre mit der Hoffnung, dass die Dinge sich von selbst zum Besseren wenden, immer im Glauben, dass das Gute noch kommt. Auf diese Weise wird das Leben vertan, es rauscht vorbei. Man ist nicht in sich selbst zu Hause.

Besonders Menschen, die grübeln, erleben, dass ihre Gedanken davonfliegen. Die Aufgabe ist jedoch, die Aufmerksamkeit auf den momentanen Augenblick zu lenken. Das Leben findet immer im Jetzt statt, und alles, was wir ändern wollen, müssen wir »im Jetzt« tun. Der richtige Moment ist also da, die Frage ist, was ist zu tun. Wie bereits oben erwähnt, ist alles richtig, was ablenkt, was zu anderen Gedanken, zu anderem, besserem Handeln führt. Das Denken in eine andere Richtung zu lenken ist die Lösung. Wie wir sehen konnten, ist Angst die eigentliche Ursache für den Kontrollverlust über das Gedankenkarussell. Frau P. hat Angst, dass es ihrer Tochter zukünftig schlecht gehen könnte. Im Grübeln liegt keine Lösung. Das Jetzt ist auch der Moment, zu dem man immer wieder zurückkehren kann.

Eine Methode, das Grübeln zu stoppen, kommt aus der Buddhistischen Therapie, die jedoch ein wenig Übung bedarf: *Man lässt die Gedanken einfach vorüberziehen, ohne sie zu bewerten oder festhalten zu wollen, man lässt sie »verglühen«.* Das typische »Anhaften«, wie es in der Buddhistischen Therapie heißt, ist das Problem.

Strategie Nr. 5: Grübelaufschub[4]

Wer versucht, grüblerische Gedanken nur zu unterdrücken, verstärkt diese. Anders ist der geplante Umgang mit Grübeln zu bewerten. Die Strategie geht auf, wenn man das Thema, über das man grübeln will, aufschreibt und sich vornimmt, dieses zu einem späteren festgelegten Zeitpunkt zu erledigen (z. B. um 17 Uhr werde ich über das Problem nachdenken). Bis dahin kann man alles andere tun. Auch sich auf eine Dauer, etwa 10 oder 15 Minuten, festzulegen ist sinnvoll. Meist wird die Grübelzeit, die man sich vorgenommen hat, nicht in Anspruch genommen.

Strategie Nr. 6: Entspannung – Meditation – Schlaftechnik

Mit dem Grübeln einfach aufzuhören ist fast unmöglich, weil Gedanken sich immer wieder verselbstständigen und in gewohnte Bahnen geraten. Wie kann es gelingen, sie zu zähmen und wieder selbst das Steuer in die Hand zu bekommen? Wie beruhigen wir unseren Geist? Wie gewinnen wir Kontrolle über unsere Gedanken? Der Königsweg, Gedanken in ruhige Bahnen zu lenken, ist Meditation. Es gibt keine wirksamere Maßnahme.

Normalerweise gelingt es, nach konzentrierter Arbeit und geistiger Anstrengung in einen entspannten Zustand zu gelangen und Erholung zu erleben. Dem Opfer der Grübelfalle gelingt das meist nicht.

Es gibt mittlerweile eine ganze Reihe von Meditationstechniken, die sich leicht erlernen lassen. Ich favorisiere *Alpha-Relaxing,* eine Methode, die besonders für den modernen Menschen geeignet ist. Mithilfe von Alpha-Relaxing wird es Ihnen leicht gelingen, Ihre Gedanken zu beruhigen und selbst dann »umzuschalten«, wenn Sie wieder in die Grübelfalle geraten sind. Jeder kann lernen, das Gedankenkarussell zu unterbrechen und schließlich zum Stillstand zu bringen. Eine Beschreibung der Methode befindet sich in Kapitel 4 im Abschnitt »Alpha-Relaxing«. Das Bedürfnis, Schlafen erzwingen zu wollen, führt in die Schlaflosigkeit. Schlafen wurde mit einem Vogel verglichen: *Er sitzt auf der Hand, und wenn man nach ihm greift, fliegt er davon.*

Grübeln wird oft nachts zum (noch größeren) Problem und verhindert das Einschlafen. Alpha-Relaxing ist eine Übung, die Aufmerksamkeit trainiert, allerding ist das Ziel eine entspannte Wachheit. Zum Einschlafen empfehle ich eine andere einfache Übung, die hilfreich sein kann:

Wenn die Füße träumen – entspannt einschlafen

Sie liegen ruhig und atmen gleichmäßig. Stellen Sie sich zwanglos vor, dass Ihre Füße schlafen und träumen. Indem Sie die Aufmerksamkeit auf die Füße richten, spüren Sie, dass diese warm werden. Lenken Sie die Achtsamkeit immer wieder auf die Füße und lassen Sie Bilder entstehen, die Traumbilder Ihrer Füße. (Lassen Sie sich nicht davon irritieren, dass Ihre Füße nicht träumen können. Im Traum und in der Fantasie ist alles möglich.) Vielleicht träumen die Füße davon, einen Berg zu besteigen …

Lenken Sie Ihre Aufmerksamkeit nun auf Ihre Waden, die schlafen und träumen, und im Anschluss auf die weiteren Körperteile … Nachdem Sie auch hier Wärme spüren und allmählich Bilder vor Ihrem geistigen Auge entstehen, machen Sie sich klar, dass Sie bereits schlafen.

Solange es gelingt, setzen Sie die Reise durch den Körper fort: die Knie, die schlafen und träumen, die Oberschenkel, die schlafen und träumen, die Hüften, die schlafen und träumen, der Bauch, der schläft und träumt, der Brustkorb, der schläft und träumt, die Arme, die schlafen und träumen, der Kopf, der schläft und träumt … Wenn Sie nach einer solchen Körperreise immer noch nicht eingeschlafen sind, beginnen Sie von vorne. Genießen Sie die Entspannung Ihres gesamten Körpers. Dieser Zustand ist dem Schlaf sehr ähnlich und ebenso erholsam.

Lassen Sie sich Zeit, Sie können nichts falsch oder besser machen, so wie es gerade gelingt, ist es gut genug. Wenn störende Gedanken auftauchen, lenken Sie die Aufmerksamkeit wieder auf den Raum in Ihrem Körper, den Sie nun größer werden lassen, damit die Gedanken auch noch hineinpassen.

Schlafen lässt sich nicht erzwingen, jedoch können Suggestionen, die zum Träumen anregen, hilfreich sein. Wenn also Bilder vor dem geistigen Auge erscheinen, ist es sinnvoll, sich diesen hinzugeben, denn sie führen in den Schlaf.

Strategie Nr. 7: Bewegung – Sport – Musik – Hobby

Auch Sport und Bewegung können eine andere Chemie im Körper erzeugen, um die weitere Ausschüttung von Stresshormonen zu verhindern bzw. diese abzubauen. Jeder kann für sich selbst herausfinden, welche Methode wirksam ist: Meditation, Bewegung oder die Kombination von beidem. Fehlt die Energie, um für Ablenkung zu sorgen, ist dringend psychotherapeutische Hilfe angesagt. Wer zu tief in der Grübelfalle steckt, schafft es nicht, alleine herauszufinden, und hat ein Recht auf Hilfe.

Musik, besonders wenn man selbst musiziert, führt unweigerlich zur Distanz von grüblerischen Gedanken.

Strategie Nr. 8: »Das Schloss austauschen«

Techniken, die helfen, den Geist zu beruhigen und in eine andere Richtung zu lenken, sind unverzichtbar. Allein reichen sie jedoch nicht, um das Problem dauerhaft zu lösen. Wie bereits gesagt, deutet ein Kontrollverlust immer auf ein tiefer liegendes Problem hin.

Frau P. müsste »das Schloss austauschen«, damit sich die Tür zu einem neuen Leben öffnet. Gemeint ist, dass es jetzt um echte Lösungen geht. Die wurden oben z.T. schon beschrieben, z.B. immer wieder der Satz: *Ich lasse los und vertraue dem Leben!* Dies bedeutet: Neuer Lebenssinn und neue Aufgaben. In dem Maße, wie sich Lebenshaltung und Lebensziele verändern, wird das zwanghafte Grübeln tatsächlich überwunden. Automatisch werden die Gedanken auf lösbare Aufgaben gelenkt: *Was kann ich für mich selbst heute Sinnvolles tun? Wo finde ich Kontakt zu interessanten Menschen? Wo kann ich mich sinnvoll engagieren? Welche Interessen und Begabungen habe ich vernachlässigt?*

Psychische Symptome machen immer auf falsche Lösungen aufmerksam. Zwanghaftes Grübeln zieht, wie bereits erwähnt, unweigerlich weitere, eventuell schwerwiegende Symptome nach sich und darf keinesfalls verharmlost werden. Jetzt geht es darum, Kapital aus dem Symptom zu schlagen. Mit psychischem Leid zeigt die Seele oft an, dass man etwas ändern sollte. Dies hat oberste Priorität und bedarf eventuell fachlicher, psychotherapeutischer Hilfe; häufig liegt die Ursache in einem Mangel an Sinn. Viktor Frankl, der Begründer der Logotherapie, sah in fast allen psychischen Störungen den Mangel an Sinn. Wer den Ausführungen bis hierhin gefolgt ist, wird ihm Recht geben. Menschen, die zielgerichtet an einer Aufgabe arbeiten, spüren Sinn und haben weniger psychische Symptome.

Strategie Nr. 9: »Ja« sagen

Auch an dieser Stelle ist es sinnvoll, auf die Abstinenz von destruktivem Denken hinzuweisen. Manchmal genügen kleine Auslöser, um Rückfälligkeit zu provozieren. Dies nicht zu dramatisieren und ohne Selbstvorwürfe die Gedanken wieder in eine positive Richtung zu lenken, ist jetzt und immer wieder die Aufgabe.

Wenn man mit etwas Abstand auf die innere Gedankenwelt von Frau P. schaut, ist ihr inneres »Nein« zu erkennen: *Nein, ich will nicht, dass meine Tochter sich auf diese Partnerschaft einlässt. Nein, es darf nicht dazu kommen, dass es ihr schlecht geht. Nein, es darf nicht sein, dass ich keinen Einfluss auf meine Tochter habe …* Dieses »Nein« ist der Kern des Problems und die Ursache für die Grübelfalle, in die sie geraten ist. Dies ist nicht nur bei Frau P. der Fall, in fast allen Grübelfällen findet sich ein solches »Nein«. Dieser Zusammenhang hat grundsätzlichen Charakter:

! Immer wenn wir uns mit Tatsachen nicht abfinden wollen, wenn wir »Nein« schreien, wenn wir innerlich »Nein« sagen, geraten wir in emotionale Schwierigkeiten.

Keine Frage, manchmal sind Ereignisse, Schicksalsschläge und schreckliche Erfahrungen kaum zu ertragen. Es ist verständlich, wenn der Mensch dazu nicht »Ja« sagen kann. Bei der Beschreibung des Trauerprozesses (siehe den entsprechenden Abschnitt in Kapitel 9 »Blockierte Gefühle und Kontrollverlust – der ›Gefühlsbaum‹«) werden die Phasen beschrieben, die normalerweise durchlaufen werden, um auch dramatische Erfahrungen zu integrieren. Auch hier geht es darum, dass nach einem

Prozess am Ende zu einem »Ja« gefunden wird. An dieser Stelle nur der Hinweis, dass es ein »Ja« zu den Dingen geben kann. Aus dem »Nein« kann ein »Ja« werden, weil die Dinge so sind, wie sie sind. Solange Frau P. nicht »Ja« sagt, wird sie wieder in die Grübelfalle geraten. »Das Schloss austauschen« bedeutet also, dass aus dem »Nein« ein »Ja« wird.

Man kann Menschen in zwei Kategorien einteilen: in typische »Neinsager« und in typische »Jasager«. Dazwischen gibt es eine Grauzone von Menschen, die keins von beidem sind. Neinsager geraten viel häufiger in Grübelfallen und betrachten dies als ihr unabwendbares Schicksal. Wichtig zu verstehen ist jedoch, wie nachteilig diese Haltung in vielen Lebenslagen ist: Diese Menschen leiden unter Ängsten, sind in Beziehungen abhängiger, sind insgesamt weniger sozial kompetent, neigen zu negativen Blickwinkeln, entwickeln viel häufiger depressive Symptome und Störungen und psychosomatische Beschwerden – um nur einige Nachteile zu benennen.

Typische »Neinsager« lassen sich daran erkennen, dass sie häufig jammern und klagen. Hierzu finden sie tagtäglich viele Gelegenheiten. Der Blick richtet sich immer wieder auf schwierige nachteilige Umstände. Man hat ja recht, wenn das Fehlverhalten anderer beklagt wird, wenn man sich Sorgen macht, immer neue Missstände zu erkennen sind …

Herr P. war sich dieser Eigenart bewusst geworden. Er hatte sich entschieden, von Jammern und Klagen abstinent zu werden. Dies führte dazu, dass er seine Aufmerksamkeit auf die veränderbaren Dinge lenkte. Insgesamt fühlte er sich optimistischer und zufriedener. Zuvor fand er immer wieder neue beklagenswerte Anlässe: das Wetter, die uneinsichtigen, rücksichtslosen Kollegen, die rote Ampel, die untätigen Politiker …

Das Neinsagen ist Bestandteil ihrer Persönlichkeit, es geschieht »automatisch« und unbewusst. In der Fachsprache nennt man diese Haltung ichsynton. Damit ist gemeint, dass Betroffene glauben, so sein zu müssen. Eine Lösung ist nur möglich, wenn dies in das Bewusstsein gehoben wird. Man kann es selbst merken, dass der eigene Blickwinkel in vielen Lebenslagen von einem *»Ich will das nicht, es muss aber anders sein«* bestimmt ist.

Frau H. versucht, ihre Freundin telefonisch zu erreichen. Da diese nicht ans Telefon geht, lässt sie es lange klingeln. Als sie schließlich keine Verbindung bekommt, ist sie richtig sauer.

Zu schnell resignieren ist ebenso falsch wie sich mit Realitäten nicht abfinden wollen. Bei Frau H. steht diese Episode für das »Nein-Muster« in ihrem Leben.

Natürlich sollte man nur an den Stellen Ja sagen, an denen Zustimmung unumgänglich ist, wenn es darum geht, sich mit den Zumutungen des Schicksals abzufinden.

Die emotionale Stabilität eines Menschen hängt entscheidend davon ab, ob er diese Fähigkeit besitzt. Denkmuster, die von einem inneren »Nein« geprägt sind, haben immer negative Folgen, dies wird sich wie ein roter Faden durch das Buch ziehen. Wer zu einem Problem, zu einer Tatsache, zu unangenehmen Wahrheiten »Nein« sagt, bleibt unweigerlich an dem Thema »kleben«. Die Aufmerksamkeit dreht sich zwangsläufig um dieses Thema (Grübeln) und bindet viel Energie, die man dadurch nicht für sinnvolle Aktivitäten zur Verfügung hat. Wie wir bereits bei der Erforschung des Grübelns sehen konnten, will sich der Mensch mit unliebsamen Tatsachen nicht abfinden. Im »Nein« sind *absolute Forderungen* versteckt: *Es müsste anders sein; ich will diese Tatsache nicht hinnehmen …* Absolute Forderungen sind fast immer unrealistisch.

Typischen »Jasagern« fällt das selbstverständlich auch nicht immer leicht, aber sie finden bald zu einem »Ja«. Typischen »Neinsagern« erscheint dies unmöglich. Letztlich bleiben sie an ihrem inneren »Nein« kleben, auch wenn dies nach außen anders aussieht, weil man sich anpasst. Die Grundkompetenz, um die es hier geht, macht einen erwachsenen Menschen aus. Manchmal kann man sie bei Jugendlichen beobachten, während sie bei vielen Erwachsenen zu fehlen scheint. Die psychische Gesundheit hängt entscheidend an dieser Fähigkeit.

Im Gegensatz zum typischen »Neinsager« lebt der »Jasager« förmlich in einer anderen Welt. Er sieht die Dinge realistisch und sperrt sich nicht gegen Tatsachen. Er ignoriert nicht die unliebsamen, schmerzhaften Erfahrungen, kann sich aber damit abfinden, dass es sie gibt. Der realistische Weg führt durch den Schmerz und auf die Suche nach wirklichen Lösungen. Der typische »Jasager« steht fester mit beiden Füßen auf dem Boden, ist vor allem weniger ängstlich und in vielen Lebenssituationen selbstsicherer und gelassener. Die Lebensqualität ist daher eine andere und vor allem ist er emotional stabiler. Diese Menschen gehen leichter durch das Leben, unabhängig davon, was das Schicksal ihnen zumutet. So stellt sich für manche die Frage, wie man dahin kommt.

> Sich mit Dingen abfinden, die man nicht ändern kann, gehört zu den Kernkompetenzen des erwachsenen Menschen. **!**

Werden die negativen Denkmuster erkannt und die Nachteile verstanden, die das Leben unweigerlich belasten, kann die Motivation entstehen, etwas zu ändern. Nur wer weiß, welchen Preis er zahlt, in Form von Ängsten, Kontrollverlusten, psychosomatischen Symptomen und depressiven Stimmungen, wird die Energie entwickeln, an sich zu arbeiten. Ich selbst betrachte mich auch als »Baustelle«, da ich mit der Arbeit an mir selbst nicht fertig werde. Sich selbst zu verändern ist interessant und spannend und ist vor allem eins: lohnend! Eine absolute Bewusstheit ist nicht möglich. Aber eine Veränderung ist möglich, so kann man sich seiner selbst immer bewusster werden.

Der liebevolle, verständnisvolle Umgang mit sich selbst ist die Basis, auf der zunächst die richtigen Fragen gestellt werden. Etwas, das über Jahrzehnte das Leben geprägt hat, lässt sich nicht im Handumdrehen verändern. Niemand hat sich selbst erschaffen; so wie jemand ist, hängt von Gegebenheiten, Zufällen, Beeinflussungen und Einwirkungen ab. Genetische Dispositionen sind mitentscheidend. So gibt es keinen Grund, sich für die eigene Person zu schämen oder sich selbst zu verurteilen, egal wie man ist.

Viele Menschen achten genau darauf, welche Nahrung sie ihrem Körper zuführen. Es soll gesund sein und mit möglichst wenig Giftstoffen belastet. Genauso ist es sinnvoll, darauf zu achten, dass die Psyche nicht vergiftet wird. Etwa mit Horrormeldungen, die z. B. gerade in Zeiten der Corona-Pandemie viele Stunden täglich aus den Medien gesendet werden. Die zentrale Frage lautet natürlich: Wie schütze ich mich und meine Lieben? Die notwendige Vorsicht ergibt Sinn. Daneben muss es jedoch auch Positives geben, damit die Psyche in der Balance bleibt. Ein Zuviel an negativen Botschaften wird zur Belastung und kann zu ernsten Störungen führen.

Die Mystifizierung eines Problems

Große Enttäuschungen, schwere Schicksalsschläge, Verluste, Trennung, der Tod wichtiger Menschen können zur Minderung der Lebensfreude führen und das Dasein nachhaltig belasten. Der Umgang mit Leid ist jedoch unterschiedlich. Da es immer auf den Blickwinkel ankommt, unter dem ein Problem betrachtet wird, sind es möglicherweise auch weniger schwerwiegende Ereignisse, die eine überwertige Bedeutung bekommen. Um die Dinge gleich ins rechte Licht zu rücken, ist zu betonen, dass betroffene Menschen tatsächlich sehr leiden. Auffällig sind jedoch Übertreibungen, etwa nach dem Motto: *»Mein Schmerz ist so groß, dass niemand ihn verstehen kann; ich werde das Problem nie hinter mir lassen können; für mich wird es kein Lebensglück mehr geben; diese Enttäuschung werde ich nie verzeihen; ich kann mich nie mehr freuen ...«* Bei den meisten Aussagen handelt es sich um sich selbst erfüllende Prophezeiungen. Weil Betroffene fest daran glauben, dass ihre Annahmen richtig sind, werden sie sich auch bewahrheiten. Das Problem wird in mystische Höhen gehoben und damit einer Lösung quasi entzogen. Die negative Energie wird sich auf diese Weise nicht unter Kontrolle bringen lassen.

Bei der Mystifizierung eines Problems wird die Erleichterung im Jammern und Klagen gesucht. Dies führt jedoch nicht zu einer wirklichen Erlösung, da das innere »Nein« bleibt. So kann es auch hier zu einem Kontrollverlust kommen.

Die Auseinandersetzung mit dem Kontrollverlust nimmt immer die Frage nach dem Missbrauch in den Fokus. Wo ist der scheinbare Vorteil, wenn ein Problem mystifiziert wird? Die Frage lässt sich nur beantworten, wenn das tiefere Problem beleuchtet wird. Es geht um Verantwortung, die hier nicht übernommen werden will. Man verharrt in der Opferrolle und sucht die Schuld bei anderen oder in widrigen Umständen.

In vielen Fällen ist dies zunächst als normale Reaktion zu verstehen. Wer plötzliches Unheil erlebt, darf sich selbst auch als Opfer sehen und das Schicksal beklagen. Niemand ist ein Computer und jeder bzw. jede hat das Recht auf Trauer und Wut. Dies gehört zum normalen Umgang mit den Zumutungen des Schicksals. Nach einer Zeit der Trauer und der Wut wendet man sich jedoch wieder dem Alltag zu, hat sich mit dem Unabwendbaren abgefunden.

Wird ein Problem mystifiziert, bleiben Betroffene in der beklagenswerten Situation förmlich stecken. Sie finden nicht zu einem »Ja«, weil sie sich »unbewusst« weigern, die Verantwortung zu übernehmen.

> Im psychotherapeutischen Prozess ist es notwendig, auch Haltungen und Einstellungen infrage zu stellen. »Irgendwo« wissen Betroffene, dass sie übertreiben. Die Frage des Therapeuten *»Kann es sein, dass Sie das Problem mystifizieren?«* ist erst dann zu stellen, wenn ein Vertrauensverhältnis so stabil ist, dass sich der Patient hierdurch nicht abgewertet fühlt. Letztlich bleibt es ihm überlassen, ob er seinen Blickwinkel infrage stellt. Die Aufklärung darüber, wie und warum es zu einer Mystifizierung kommt, sollte jedoch nicht fehlen.

!

Es kann nicht darum gehen, das Problem zu ignorieren, nach dem Motto *»Es ist völlig übertrieben und daher unwichtig«*. Im Gegenteil, es geht darum zu verstehen, wie es zu lösen ist.

Wenn es gelingt, eine gewisse Distanz herzustellen, kann die Frage gestellt werden, worum es eigentlich geht. Der Kontrollverlust verwässert den Blick und verhindert Klarheit. Nicht selten ist »Konfusion« eine Methode, sich selbst vor unliebsamen Wahrheiten zu verstecken. *Es gibt angeblich keine Lösung; niemand kann helfen; alles führt ins Nichts* … Immer neue Ausreden und Gegenargumente werden kreiert, um die eigene Opferrolle zu verteidigen.

Wer sich von der Mystifizierung eines Problems lösen will, braucht Mut, z. B. auf Konfusion und Übertreibungen zu verzichten. Nicht selten ist es sinnvoll, sich dabei helfen zu lassen, etwa mit Psychotherapie.

Der Kontrollverlust über negative Gefühle – Depression

Der Kontrollverlust über negative Gedanken kann auch als depressives Grübeln bezeichnet werden. Negative Gedanken beeinträchtigen die Stimmung. Wie bereits weiter oben beschrieben, wird die schädliche Wirkung von Grübeln oft unterschätzt. Schwere Erkrankungen wie z. B. eine Depression können die Folge sein.

Bei einer depressiven Erkrankung ist die Kontrolle über die Stimmung verloren gegangen. Normalerweise gelingt es Menschen, sich auch aus einer miesen Stimmung herauszuholen, wenn sie dies wollen und mit dem nötigen Nachdruck für einen positiven Blickwinkel sorgen. Dies gelingt beispielsweise damit, dass man sich entschließt, etwas anderes zu tun, als sich der schlechten Laune hinzugeben. Man wechselt sozusagen das Thema, beginnt eine Aktivität, die vom Negativen ablenkt usw. Die

Veränderung des Blickwinkels führt beim gesunden Menschen auch zu einer Veränderung der Stimmung. Bei Menschen mit einer depressiven Erkrankung ist diese Fähigkeit mindestens vorübergehend verloren gegangen. Es gelingt eben nicht mehr, entscheidenden Einfluss auf die Stimmung zu nehmen. Auch positive Ereignisse, die sonst Freude und Glück verursachen würden, bleiben wirkungslos. Depression bedeutet, dass eine neurale Entgleisung stattgefunden hat und es nicht möglich ist, sich selbstständig aus der tiefdunklen Stimmung zu lösen. Weiter unten werden die begleitenden Symptome beschrieben.

Für eine Depression gibt es unterschiedliche Ursachen, die einer möglichst präzisen Klärung bedürfen. Genetische Faktoren können den Ausbruch mitverursachen. Ebenfalls können bestimmte Hirntumore eine Depression verursachen. Auch wenn dem Körper bestimmte Mineralien, Spurenelemente und Vitamine fehlen, kann dies der Grund für die Verstimmung sein. Die sogenannte Kryptopyrrolurie ist eine von Schulmedizinern mitunter nicht anerkannte Störung, die darin besteht, dass der Körper bestimmte Stoffe, (Mineralien, Vitamine und Spurenelemente) nicht in genügendem Umfang aus der Nahrung gewinnen kann. Mit Urin-, Blut- und Haaranalysen lässt sich der Mangel feststellen und medikamentös ausgleichen. Auffällig bei dieser Störung ist eine Medikamentenunverträglichkeit, die dazu führt, dass die gängigen Antidepressiva oft zu einer starken Verschlechterung der Befindlichkeit führen und damit für die Behandlung nicht geeignet sind. Auch hormonelle Störungen können für eine depressive Erkrankung verantwortlich sein.

In aller Regel gibt es für die depressive Erkrankung ein Ursachenbündel. Genetische sowie Umweltfaktoren spielen eine unterschiedlich starke Rolle. Die häufigsten Ursachen sind jedoch in Grübelzwängen und Ängsten zu finden. Auch eine Posttraumatische Belastungsstörung kann eine depressive Erkrankung auslösen.

Grundsätzlich darf die Diagnose nur von Fachärzten und klinischen Psychologen gestellt werden.

Depressionsprophylaxe

Zunächst ist es richtig, sich mit der Prophylaxe zu beschäftigen. Nichts ist sinnvoller, als dafür zu sorgen, dass es erst gar nicht zu einer tiefen, quälenden, extrem belastenden und schweren, eventuell lebensgefährlichen Erkrankung kommt.

Depressionsprophylaxe ist von höchster Bedeutung. Geht es doch darum, die Stimmung im positiven Bereich zu halten. Etwas, das für jeden Menschen fast alles bedeutet! Nicht jeder ist eine Frohnatur und fast immer bei bester Laune, aber jeder (der nicht psychisch krank ist) kann seine Stimmung beeinflussen und ist keineswegs nur Opfer der Umstände. Allerdings fühlen sich viele Menschen genau so. Sie machen sich abhängig von den momentanen Gegebenheiten. Wie ist es möglich, in eine positive Stimmung zu gelangen und möglichst zu bleiben?

»Ich muss aufpassen, dass ich nicht kippe!« So lautet der Satz eines Patienten, der bereits mehrere depressive Episoden im Sinne einer Erkrankung während seines Lebens erfahren musste. Er spürt, dass sich in seinem Denken und Fühlen ein kritisches Maß an destruktiver Energie breitgemacht hat, zusätzlich reagiert der Körper mit innerer Unruhe, Sehstörungen, Druck auf der Brust. Wenn hier ein gewisses Limit überschritten ist, wird die Stimmung zum Selbstläufer ins Negative und entgleitet der Einflussnahme. Bevor es zum Kontrollverlust kommt, gilt es, die Zeit zu nutzen.

Mithilfe eines psychologischen Experiments konnte die destruktive Wirkung von Grübeln auf die Stimmung gezeigt werden. Gesunde Studenten wurden acht Minuten mit künstlichem Grübeln beschäftigt. Anschließend bewerteten sie ihre Vergangenheit und ihre Zukunft deutlich pessimistischer[5]. Wenn es eine wirksame Prophylaxe gegen eine depressive Erkrankung gibt, ist der Fokus auf das Grübeln zu richten. Dabei sollten Gedanken, die die Stimmung herunterziehen, vermieden werden. Das ist viel einfacher gesagt als getan. In der Frühphase einer Depression fühlen sich Menschen von düsteren negativen Gedanken magisch angezogen. Wer spürt, dass diese zu vermeiden nicht ohne Hilfe gelingt, sollte unter allen Umständen so schnell wie möglich psychotherapeutische Hilfe suchen. Die Behandlung der Krankheit ist viel schwieriger und langwieriger, wenn sie erst ausgebrochen ist.

Oft drehen sich die depressiven Gedanken um das Selbstwertgefühl, beispielsweise Gedanken wie: *Ich hätte eine klügere Antwort geben müssen; man nimmt mich überhaupt nicht ernst; ich bin unfähig, mein Leben in gute Bahnen zu lenken; jeder merkt, dass ich kein Selbstwertgefühl habe; andere sind viel besser als ich; immer fühle ich mich schuldig; immer werden andere vorgezogen; ich fühle mich nicht willkommen; ich genüge nicht …*

An dieser Stelle ist eine Selbstwertanalyse zu empfehlen, auch um das Problem bei den Wurzeln anzugehen.

Menschen, die grübeln, *glauben* an destruktive Sätze, insbesondere daran, nicht zu genügen. Der Glaube ist bekanntlich die stärkste Energie in jedem von uns, darum ist die Wirkung so stark. Selbstabwertungen ziehen die Stimmung in ein Tief, der Betroffene fühlt sich schlecht. Wer dies häufig praktiziert, konditioniert sein Gehirn in eine unglückliche Richtung. Gefühle werden gelernt, und wie auf Knopfdruck fährt die Stimmung in den Keller, wenn einer dieser destruktiven Gedanken auftaucht. Der Zenit ist überschritten, wenn es eines Gedankens nicht gar mehr bedarf und die Stimmung dauerhaft entglitten ist; der Kontrollverlust ist deutlich zu erkennen.

So wie man »lernen« kann, sich schlecht zu fühlen, kann man auch lernen, sich gut zu fühlen. Bei der Auseinandersetzung mit dem Selbstwertgefühl (siehe Kapitel 7 »Das Selbstwertgefühl / Selbstwertanalyse«) wird dies ausführlich erklärt. Jeder, der in dieser Falle steckt, spürt, wie das Negative förmlich anzuhaften scheint und sich wie von selbst vermehrt. Wer sich in eine schlechte Stimmung gebracht hat, findet wie von selbst immer neue negative Gedanken, die den Teufelskreis verstärken. Dann ist es höchste Zeit, laut »Stopp« zu rufen und sich den Strategien zuzuwenden, die destruktives Grübeln beenden.

Viele der typischen Grübler sind fest davon überzeugt, dass sie durch ihr dumpfes Brüten eine Besserung erreichen können. Sie rechtfertigen ihr Grübeln und lassen sich nur schwer davon überzeugen, dass sie sich in krasser Weise selbst schaden. Suggestiv glauben sie daran, dass die Lösung im Kopf zu finden ist. Wer dem Kontrollverlust ausgeliefert ist, spürt, dass seine Ängste zunehmen:

- dass er dem Leben immer weniger gewachsen ist,
- dass er keinerlei Antrieb mehr verspürt,
- dass die Lebensfreude abhandengekommen ist,
- dass er psychisch immer instabiler wird,
- dass depressive Gefühle die Oberhand gewinnen,
- dass alle möglichen Ängste immer stärker werden,
- dass er krank wird …

Ängste spielen bei der Entwicklung einer Depression nahezu immer eine dominante Rolle. Wer spürt, dass er den alltäglichen Belastungen immer weniger gewachsen ist, Aufgaben nicht oder kaum noch erledigen kann, sollte umgehend fachliche Hilfe suchen.

Für die Prophylaxe ist es von höchster Bedeutung, viel über den destruktiven Charakter des Grübelns zu wissen und eine Entscheidung zu treffen, die für die psychische Gesundheit von großer Bedeutung, ja unerlässlich ist. Alles, was auf konstruktive Weise hilft, von destruktivem Grübeln frei zu werden, ist Prophylaxe.

Neben ausreichendem Schlaf sind Bewegung und Sport eine wirksame Prophylaxe gegen Depression. Wer sich dazu nicht aktivieren kann, bedarf fachlicher psychotherapeutischer Hilfe!

Depression

Während einer depressiven Episode geht die Kontrolle über die Stimmung verloren. Bei einer leichten depressiven Verstimmung sind noch Fähigkeiten vorhanden, den Schleier etwa durch Ablenkung oder bei bestimmten Ereignissen zu durchbrechen. Bei mittelschwerer und schwerer Depression gelingt dies nicht mehr. Die Stimmung hat sich der willentlichen Kontrolle entzogen. Sie ist tief im Keller, verbunden mit dem starken Gefühl der Hoffnungslosigkeit, Leere und Sinnlosigkeit. Betroffene beschreiben einen Zustand des »Getrenntseins« und der Gefühllosigkeit. Auch das Feststecken in endlosen Grübelkreisläufen ist eine typische Beschreibung.

Ängste und starkes Grübeln sind zu beobachten. Meist ist auch das Selbstwertgefühl extrem geschädigt: *ich bin wertlos, ich fühle mich schuldig* … Hier stellt sich mitunter die Frage, führt die Depression zu einer starken Störung des Selbstwertgefühls, oder ist die Selbstwertstörung für die Entstehung der Depression verantwortlich? Vermutlich stimmt beides. Die depressive Erkrankung legt die Selbstwertstörung quasi unter eine Lupe und verstärkt diese. Wenn die depressiven Symptome abgeklungen sind, ergibt es Sinn, das Selbstwertgefühl genau zu untersuchen und zu bearbeiten.

Betroffene glauben meist, selbst die Einzigen zu sein, die an dieser schweren Erkrankung leiden. Oft fühlen sie sich zu Recht falsch verstanden, wenn man ihnen z. B. sagt, dass sie sich zusammenreißen sollen, dass sie nur aktiv werden müssen, weil sie das in diesem Stadium nicht mehr können. Bei einer schweren depressiven Episode fühlen sich Menschen gefühllos, leer und wie versteinert. Die Zeit scheint nicht vorüberzugehen, und der Zustand völliger Hoffnungslosigkeit ist absolut quälend. In dieser Phase sind Suizidgedanken häufig und die Gefahr, dass es zum Suizid kommt, ist groß.

Weitere typische Symptome sind:

- Innere Unruhe, Zittern;
- Schlaflosigkeit in Verbindung mit Grübelzwängen, frühmorgendliches Aufwachen;
- Appetitlosigkeit;
- Gewichtszunahme bzw. -abnahme;

- Probleme bei grellem Licht, manches nur vernebelt sehen;
- Antriebslosigkeit;
- Konzentrationsprobleme, z. B. nicht lesen können, Kurzzeitgedächtnisprobleme;
- sich schlecht und krank fühlen, Stein auf der Brust, keinerlei Lebensfreude, alles ist zu viel, auch einfache Telefonate, Probleme bei Reizüberflutung;
- ein typisches »Morgentief«: sich besonders morgens extrem schlecht fühlen, müde sein, sich nur hinlegen mögen; im Laufe des Tages verbessert sich die Stimmung etwas;
- Verlust des Selbstwertgefühls: starke Minderwertigkeitsgefühle;
- soziale Isolierung – Termine mit der Familie oder mit Freunden werden zu einem unüberwindlich scheinenden »Berg«, man zieht sich lieber zurück; die soziale Isolierung verstärkt wiederum die depressiven Gefühle.

Die Behandlung der Depression

Schulmedizinisch wird die Depression mit Antidepressiva behandelt, einer Medikamentengruppe, die hilft, die Stimmung zu stabilisieren. Sie machen nicht süchtig, wie bei anderen Stimmungsaufhellern, etwa Benzodiazepinen, die unmittelbar wirken. Antidepressiva wirken erst nach einer längeren Zeit der Einnahme, dann, wenn die Wirkstoffe im Blut angeschwemmt sind. Patienten berichten, dass sie sich wie in Watte gepackt fühlen. Sie können sich nicht richtig freuen, befinden sich jedoch auch nicht mehr richtig im Stimmungstief. Wichtig ist, die Medikamente nicht spontan abzusetzen, sondern in Absprache mit dem Arzt langsam auszuschleichen. Dies ist u. a. wichtig, um einer Suizidalität vorzubeugen. Nicht selten müssen verschiedene Medikamente ausprobiert werden, bis das richtige Präparat gefunden ist.

Eine Kombination aus medikamentöser Therapie und Psychotherapie ist anzustreben. Als besonders effektiv hat sich die kognitive Therapie erwiesen. Auf diese Weise wird der Gedankenfluss des Patienten beeinflusst. Angestrebt wird realistischeres bzw. weniger pessimistisches Denken. Überzeugende Ergebnisse liefert auch die metakognitive Therapie. Hier geht es darum, wie schon beschrieben, einen Grübelaufschub zu erreichen. Die Annahme dahinter ist, dass Grübeln das eigentliche Problem darstellt. Um das destruktive Grübeln zu beenden, werden wie beschrieben entsprechende Techniken vermittelt.

Hinweis: Menschen, die zu Depressionen neigen, fühlen sich zu keiner Zeit gegen eine erneute depressive Episode gefeit, für sie ist Depressionsprophylaxe eine bleibende Aufgabe.

!

Zusammenfassung

Grübeln ist ein weit unterschätztes Problem, das für zahlreiche psychosomatischen Erkrankungen verantwortlich ist, die aber nur selten mit Grübeln in Verbindung gebracht werden. Zwanghaftes Grübeln kann zu einer depressiven Erkrankung führen, ebenso zu einer generalisierten Angststörung.

Wer in diesen endlosen Gedankenschleifen gelandet ist, hat jetzt zwei Probleme: Das Problem, um das er sich Sorgen macht, und zusätzlich die Unfähigkeit, mit dem Grübeln aufhören zu können. Ohne wirksame Strategien wird zwanghaftes Grübeln nicht überwunden. Es geht um die tieferen Hintergründe des Symptoms, die verstanden werden wollen. Oft sind es Selbstwertstörungen, die zu Selbstzweifeln und zwanghaftem Grübeln führen. Auch wer sich mit unliebsamen Tatsachen nicht abfinden will, wird leicht Opfer der unseligen Grübelschleifen. Es geht darum, vom Grübeln ins Nachdenken zu kommen und tatsächliche Lösungen zu kreieren.

!

4. Der Kontrollverlust über Angst – krankhafte Angst

Angst ist ein wichtiges Gefühl, das dem Überleben dient. Angst hat die Aufgabe, uns zu warnen, wenn eine Situation gefährlich ist. Angst löst Fluchtimpulse aus, das ist tief in den Genen des Menschen angelegt. Flucht ist dann richtig, wenn man sich aus einer wirklich gefährlichen Situation entfernt. Nicht selten stellt uns Angst jedoch vor eine andere Aufgabe: *Hier ist ein Problem zu lösen!* Nicht das Ausweichen vor der Angst ist dann die Lösung, sondern das beherzte Zugehen auf das Problem. Oft ist Angst ein Signal, das zum Handeln auffordert: etwas an der Situation zu ändern.

Die meisten Ängste sind völlig überflüssig. Bevor wir uns den Angststörungen zuwenden, sollte ein Problem verstanden sein: Wie werden Ängste verstärkt und wie entsteht die typische Angst vor der Angst? Die Antwort ist einfach: Indem wir versuchen, vor der Angst zu fliehen. Besonders deutlich wird dies bei der Phobie:

> Frau L. hat eine Spinnenphobie. Wenn sie eine Spinne sieht, möchte sie so schnell wie möglich den Raum verlassen. Sie weiß, dass Spinnen eigentlich völlig harmlos und nützlich sind, trotzdem werden ihre Ängste immer größer. Auch in ihrer Fantasie bleiben Spinnen gefährliche Tiere, vor denen man sich in Sicherheit bringen muss. Schon der Gedanke, dass sie wieder Kontakt mit einer Spinne haben könnte, versetzt sie in Panik.

Die Flucht vor der ängstigenden Situation bewirkt also eine Verstärkung der Angst, da der Schritt umgangen wird, die Angst zu bewältigen. Schließlich wird auch so die typische Angst vor der Angst erzeugt. Das Problem beginnt im Kopf.

Mit Nachdruck ist zu betonen, dass die Wurzel vieler Probleme im Grübeln steckt. Gedanken laufen Amok, Ängste bekommen Flügel, und die Unsicherheit wächst. Diese Dynamik führt vielfach zum Kontrollverlust über Angst und zu den Angststörungen.

Die generalisierte Angststörung

Denken und Fühlen gehören untrennbar zusammen. Das vorangegangene Kapitel handelte von dem Problem des Grübelns und sich Sorgens. Eine Erkenntnis war, dass die eigentliche Ursache dafür Ängste waren, die Betroffene mithilfe von immer intensiverem Nachdenken bewältigen wollten. Wie zu erkennen war, führt dies nicht zu einer Lösung, sondern im Gegenteil: Immer neue Katastrophen entstehen in der Fantasie und die Ängste nehmen zu. Dieser Prozess kann völlig außer Kontrolle geraten und in eine *generalisierte Angststörung* ausarten. Betroffene leben in einem permanenten Angstzustand, der sich nicht mehr abstellen lässt. Man spricht von einer *frei flottierenden Angst.* Während ein Mensch mit einer Phobie starke Ängste nur dann erlebt, wenn er mit dem ängstigenden Objekt konfrontiert ist und der Paniker nur während eines Anfalls mit panischer Angst überflutet wird, lässt die Angst bei der generalisierten Angststörung nicht nach, sondern bleibt permanent auf hohem Niveau. Immer neue ängstigende Gedanken drängen sich auf. Für Außenstehende scheinen sie völlig abwegig, für Betroffene findet der Terror im Kopf kein Ende.

Herr T. wird den Gedanken nicht los, dass er bei der letzten Autofahrt einen Fußgänger gestreift habe, er könnte ihn schwer verletzt haben. Schuldgefühle plagen ihn. Er fährt die Strecke erneut ab, kann jedoch nichts Ungewöhnliches erkennen. Seine Schuldgefühle verschwinden dennoch nicht.
Frau Z. befürchtet, an Krebs zu erkranken …, wenig später, dass ihr Enkel als Führerscheinneuling verunglücken könnte …, dass sie ihr ganzes Geld verlieren könnte …

Die generalisierte Angststörung ist eine relativ häufige psychische Störung (4–7 Prozent der Bevölkerung). Unbehandelt verläuft sie meist chronisch. Betroffene erleben tagtäglich unterschiedliche Ängste vor den verschiedensten Dingen. Immer neue Szenarien spielen sich in ihrer Vorstellung ab. Das typische Merkmal ist der Kontrollverlust, ebenso, dass Betroffene ihre Sorgen und Ängste verteidigen und auch hier ein Erklärsystem dafür anbieten, warum sie so sein müssen und warum sie im Recht sind. Da der psychische Apparat unter ständiger Hochspannung arbeitet, sind zahlreiche körperliche Beschwerden typische Begleiter: innere Unruhe, Schlafstörungen, Konzentrationsstörungen, Zittern, Kopfschmerzen, Bauchschmerzen, Rückenschmerzen, Schwindel, Benommenheit etc. Betroffene klagen häufig über Schmerzen, für die keine körperlichen Ursachen zu finden sind. Die zahlreichen Beschwerden befeuern den Teufelskreis, in dem sich die Betroffenen befinden, dann mit immer neuen Gesundheitssorgen.

Die Ängste und Befürchtungen wollen Betroffene mit allen ihnen zur Verfügung stehenden Mitteln zum Verschwinden bringen. Durch immer wiederkehrende Fragen etwa an Partner/Partnerin oder Familienmitglieder will man sich versichern und beruhigen und damit eine Lösung herbeiführen. Familienangehörige bekommen so die Funktion eines »Beruhigungsmittels«. Bei Menschen mit einer Angststörung scheint der Neokortex, also das logische Denken, mehr oder weniger blockiert. Die Amygdala ist von Ängsten überschwemmt. Die Fragen haben daher oft einen kindlichen Charakter: »Habe ich das richtig gemacht?«, »Ist das gefährlich?« Da Beruhigungsversuche nicht wirklich erfolgreich sind, kommt es auch darüber zu einem Kontrollverlust, insofern die Fragen zwanghaft immer wieder gestellt werden müssen. Angehörige geraten in eine schwierige Situation. Einerseits werden sie mit unsinnigen Fragen bombardiert, andererseits wollen sie nicht zurückweisend und verletzend auftreten, da dies die Ängste weiter verstärkt. Die Hilflosigkeit des von solch einer generalisierten Angststörung Betroffenen nimmt zu und Angehörige geraten in eine gewisse Co-Abhängigkeit. Die ständig quälenden Angstgefühle wollen immer neu beruhigt werden: *Du musst dir keine Sorgen machen; da wird nichts passieren; du hast alles richtig gemacht …*

Mit etwas Abstand betrachtet ist zu erkennen, dass so keine Verbesserung erreicht werden kann, Angehörige jedoch in den Teufelskreis hineingezogen werden. Sie wollen helfen, aber die Hilfe wirkt nicht entscheidend. Sie fühlen sich gezwungen, immer neue, unsinnige Fragen zu beantworten. Auch bei ihnen ist ein Kontrollverlust zu beobachten, insofern sie mit dem Helfen nicht mehr aufhören können. Sie fühlen sich in einer Zwangslage, aus der es kein Entkommen zu geben scheint. Nicht selten sind sie einem regelrechten Terror ausgesetzt, der auch sie an den Rand der Belastbarkeit bringt. Dabei liegt die Lösung nicht darin, dass sie sich immer weiter als Beruhigungsmittel missbrauchen lassen. Im Gegenteil, an dieser Stelle wäre zu akzeptieren, dass Angehörige nicht helfen können, sondern dass Betroffene die Lösung ihrer Probleme in sich selbst finden müssen.

Die Behandlung der generalisierten Angststörung

Medikamente (Psychopharmaka) sollten nur mit großer Vorsicht eingesetzt werden. Besser ist eine psychotherapeutische Behandlung, denn Medikamente lösen das eigentliche Problem nicht. Sie tragen dagegen oft zu einer Chronifizierung bei. Für eine medikamentöse Therapie kommen, sofern notwendig, möglicherweise SSRI-Antidepressiva (Selektive Serotonin-Wiederaufnahmehemmer) infrage. Sie wirken erst frühestens nach vierzehntägiger Einnahme.

Besonders ist vor Beruhigungsmitteln, sogenannten Benzodiazepinen, zu warnen. Sie wirken zunächst angstlösend, führen jedoch rasch in eine psychische und körperliche Abhängigkeit und verstärken in kurzer Zeit die Ängste. Nur in schwersten Fällen ist eine Medikamentengabe unumgänglich. Zum Einsatz kommen dann Neuroleptika, die eine dämpfende Wirkung haben. Auf Dauer wird das Problem jedoch nur übertüncht, und nicht selten trägt auch dies zu einer Chronifizierung bei.

Je früher die Behandlung einer Angststörung beginnt, umso größer sind die Heilungschancen. Oft ist es sinnvoll, die bekannte Umgebung zu verlassen, da sich hier zahlreiche Auslöser finden, die Ängste »triggern«, d. h. auslösen.

Nur wenn Frau J. unterwegs war, wurde sie abgelenkt; sobald sie die eigene Wohnung betrat, verfiel sie nahezu automatisch wieder in ihre Grübelspiralen; durch bekannte und neue Ängste ging es ihr wieder schlecht.

Hier wurde die depressive Stimmung konditioniert: Sobald Frau J. ihre Wohnung betritt, sie sich in dieser Umgebung befindet, stellt sich das entsprechende Gedankenkarussell wie auf Knopfdruck wieder ein. Ihre Wohnung ist der Ort, an dem Frau J. in der Vergangenheit ausführlich und extrem grübelte, hier fühlte sie sich oft schlecht. Das emotionale Gehirn erinnert sich sofort, die ängstlichen Sorgen scheinen sich nicht stoppen zu lassen, das depressive Gefühl stellt sich wie von selbst ein. Die eigene Wohnung ist zum Ort des Leids geworden.

Mithilfe von Amygdala-Klärung kann man sich den Sachverhalt verdeutlichen: Jetzt ist eine neue Zeit, eine neue Gelegenheit, sich Positivem zuzuwenden, damit das emotionale Gehirn sich verbessern kann. Die innere Überzeugung, dass es in der eigenen Wohnung nur negative Gefühle geben kann, hält sich in Form einer sich selbst erfüllenden Prophezeiung so lange, bis man sich selbst vom Gegenteil überzeugt: sich beispielsweise an einem Fenster in die Sonne setzt und daran arbeitet, dass die Stimmung unabhängig vom Ort wird, an dem man sich gerade befindet. Mit Sicherheit ist es erforderlich, über eine längere Zeit neue, positive Gefühle zu lernen, damit man sich in der eigenen Wohnung wieder wohlfühlt. Dazu gehört der starke Wille, dieses Ziel auch erreichen zu wollen. Das emotionale Gehirn kann lernen, auch im eigenen Zuhause die schönen Dinge zu sehen und wertzuschätzen. Dies bedarf täglicher Anstrengung im Hier und Jetzt. Mithilfe von Meditation gelingt es beispielsweise, unabhängig vom Ort in eine bessere Stimmung zu gelangen.

Genau besehen ist zu erkennen, dass es sich auch bei der generalisierten Angststörung um ein ausuferndes Grübelproblem handelt. Dies zu verstehen ist von höchster Bedeutung. Die Überzeugung, seine Gedanken und Ängste nicht stoppen zu können, ist das eigentliche Problem. Alles, was hilft, Distanz zu den eigenen gedanklichen Prozessen zu schaffen, ist jetzt anzuwenden. Besonders die Methode des Grübelaufschubs hat sich als effektiv erwiesen. Alles, was bereits zur Behandlung des Grübelns gesagt wurde, kann hier angewendet werden.

Ein Patient mit starker Angstsymptomatik (er war nicht mehr in der Lage, allein das Haus zu verlassen), konnte nach sechs Wochen wieder öffentliche Verkehrsmittel allein benutzen. Zuvor hatte er täglich mindestens zweimal 20 Minuten Alpha-Relaxing trainiert. Damit hatte er die Fähigkeit erworben, in jeder Situation in einen entspannten Zustand zu gehen. Beim geringsten Anzeichen innerer Erregung lenkte er seine Aufmerksamkeit auf seine Hände. Allmählich wurde es für ihn selbstverständlich, keine Angst mehr zu haben. Seine innere Sicherheit ruhte nicht zuletzt auf der Gewissheit, im Zweifelsfall Alpha-Relaxing anzuwenden, womit er seine Angst beruhigen konnte.

Alpha-Relaxing

Psychotherapie und Meditation sind zwei Seiten einer Medaille. Dabei rückt Meditation zunehmend in den Fokus von Forscherinnen und Wissenschaftlern, die immer weitere positive Eigenschaften entdecken, die mittels Hirnscan objektiviert werden konnten. Nachgewiesen ist die schmerzreduzierende Wirkung. In Studien konnte die positive Wirkung gegen körperliche und psychische Begleitsymptome bei Krebs, Depressionen, Phobien und Herz-Kreislauf-Erkrankungen gezeigt werden. Auch in der buddhistischen Psychotherapie ist Meditation ein zentraler Behandlungsbaustein. Der Geist wird beruhigt und Kontrollverluste werden immer weniger wahrscheinlich. Wenn alle psychischen Störungen den Kontrollverlust als gemeinsamen Mechanismus haben, ist Meditation ein wirksames Instrument für seelische Gesundheit.

Die Liste positiver Wirkungen von Meditation für Körper und Geist ist lang und konnte in Metaanalysen gezeigt werden. Menschen können z. B. lernen, mit Schmerz anders umzugehen, langfristig werden Entzündungsvorgänge positiv beeinflusst[6].

Die meisten Meditationstechniken kommen aus dem östlichen Raum. Hier hat Meditation eine jahrtausendealte Tradition. Dem westlichen Menschen fällt es oft schwer, sich auf diese Methoden einzulassen, da sie zum Teil hohe Anforderungen an die Aufmerksamkeit stellen. Alpha-Relaxing macht es dem/der Übenden einfacher, da sich der Meditationsgegenstand laufend verändert. Es gibt dazu eine Übungs-CD mit ausführlicher Anleitung.[7] Die Anleitung ist einfach und kann von jedem mit Erfolg angewendet werden. Die Anweisungen lauten: *Stellen Sie sich gewaltlos den Raum in Ihren Händen vor, der mit Licht gefüllt ist.* Der Übende hat lediglich die Aufgabe, seine Aufmerksamkeit immer wieder auf diesen Raum zu lenken. Wenn Gedanken kommen, ist das normal, dafür wird der Raum einfach etwas größer gemacht, damit diese auch noch hineinpassen. Danach wird wieder die Aufmerksamkeit auf den Raum gelenkt.

Diese Übung wird etwa 20 Sekunden aufrechterhalten, dann geht es zum nächsten Raum. *Stellen Sie sich den Raum zwischen den Fingern vor, der mit Licht gefüllt ist.* Wieder geht es um die gewaltlose Aufmerksamkeit, die sich auf diesen Raum richtet. Gewaltlos heißt hier, dass man sich selbst keinen Druck macht. Das Motto lautet: »*So wie ich es gerade mache, ist es gut genug.*« Die innere Haltung *Ich müsste es noch besser machen* ist der Tod jeder tieferen Meditation. Das Ziel ist, dass sich ganz wie von selbst Gedanken beruhigen und zumindest für kurze Zeit zum Stillstand gebracht werden.

Die Reise durch den Körper wird fortgesetzt, indem die Aufmerksamkeit immer wieder auf neue Räume gelenkt wird: *auf den Raum in den Armen; Schulter …* Mithilfe der Übungs-CD kann jeder Tiefenentspannung erleben. Das Gehirn schaltet von Betawellen auf Alphawellen um. Die Hirnzellen können sich erholen. Im EEG werden die minimalen elektrischen Impulse des Gehirns in Form von zackigen Linien sichtbar. Alphawellen sind runder flacher und länger.

Dabei erlebt der Meditierende zunehmend ein Gefühl der Verbundenheit mit seinem Körper, bei weiterer Übung und Vertiefung ein Gefühl der Verbundenheit mit allem. Das Grundgefühl, willkommen zu sein, wird gestärkt, weil man es spüren kann. Meditation bewirkt eine sanfte, aber sehr wirksame Stärkung des Selbstwertgefühls. Zunächst ist Disziplin für das tägliche Üben wichtig. Am besten übt man stets zur selben Uhrzeit und mit derselben Übungsdauer, nach wenigen Wochen ist es zur Selbstverständlichkeit geworden. Nach einer Übungsphase gelingt es immer besser, jederzeit und an jedem Ort in einen entspannten Zustand zu gehen (auch mit geöffneten Augen) und sich selbst zu beruhigen. Mir selbst hat die Methode bei sehr unangenehmen medizinischen Untersuchungen geholfen, die ich auf diese Weise viel besser bewältigt habe.

Wer eine Methode erlernt hat, mit der er die innere Erregung selbst beeinflussen kann, gewinnt Sicherheit und Unabhängigkeit (man benötigt keine Beruhigung mehr von außen, etwa in Form beruhigender Worte oder Medikamente). Sicherheit ist das Gegenteil von Angst. Der oben erwähnten Patientin hatte der Wille geholfen, das tägliche Training durchzuhalten.

! Genau besehen ist auch bei der generalisierten Angststörung das Grübeln das eigentliche Problem.

Die posttraumatische Belastungsstörung

Situationen, die schwerwiegende Überforderungen der Psyche verursachen, werden im emotionalen Gedächtnis gespeichert: etwa sexueller Missbrauch, Folter, Unfälle, Kriegserfahrungen, schwere Krankheiten, psychische Gewalt etc. Sie bewirken eventuell eine posttraumatische Belastungsstörung. Dies bedeutet, dass es immer wieder einen Kontrollverlust über die mit dem Erlebnis verbundenen Gefühle geben wird. Manchmal genügen geringfügige Reize, die an das traumatische Ereignis erinnern, um es erneut mit voller Wucht durchleiden zu müssen. Ein Geruch, eine bestimmte Bewegung eines anderen Menschen, ein Geräusch oder ein Bild, eine Szene etc. können das emotionale Gehirn dazu veranlassen, das nicht Integrierte zu wiederholen. Dieses kann über Jahrzehnte belasten. Ohne psychotherapeutische Hilfe werden die Folgen meist nicht bewältigt. Sinnvoll ist eine spezielle EMDR-Behandlung (Eye Movement Desensitization and Reprocessing): Während der Patient sich gefühlsmäßig bewusst in die traumatische Situation zurückversetzt, folgt er mit den Augen dem Finger der Therapeutin / des Therapeuten. Erstaunlicherweise wird die dramatische Erfahrung auf diese Weise besser im emotionalen Gedächtnis integriert. Die Traumafolgen werden gemildert oder verschwinden sogar. EMDR gehört zu den wirksamsten therapeutischen Techniken, die innerhalb vergleichbar kurzer Zeit erfolgreich praktiziert werden können. Dies konnte in vielen Untersuchungen nachgewiesen werden. Da es bisher nicht gelungen ist, die genauen Wirkmechanismen zu verstehen, wird die Methode mitunter jedoch nicht akzeptiert.

Die Phobie

Für den Hund von Pawlow war der Glockenton ein gutes Signal, denn es gab kurze Zeit später Futter. Für viele Menschen ist der Anblick von Hunden jedoch ein weniger gutes Signal, sie fürchten sich vor Hunden. Während die Angst vor wirklich gefährlichen Rassen durchaus berechtigt ist, spricht man von einer Hundephobie, wenn an sich harmlose Hunde starke Ängste auslösen. Wenn wir der Frage nachgehen, wie es dazu kommt, ist es sinnvoll, in die innere Welt der Betroffenen hineinzuschauen. *Ich habe Angst vor Hunden,* so die tiefe Überzeugung von Herrn T. Immer wenn ein Hund ihm nahe kommt, steigern sich seine Gefühle ins Wahnhafte. Angst, so muss man sagen, führt zu noch mehr Angst. Um der Angst vor Hunden zu entkommen, entwickelt Herr T. noch mehr Angst – ein Teufelskreis. Das Problem bei der Phobie ist die Angst vor der Angst. Angstforscher erkennen hier Ängste erster und zweiter Ordnung. Die Angst vor dem Hund und die Angst, die sich förmlich daraufsetzt und sich ins Wahnhafte steigert. Ein Mensch mit Hundephobie weiß nur zu gut, wie sich die überwältigende Angst anfühlt, wenn ein Hund ihm zu nahe kommt, und davor möchte er flüchten. Da Hunde von Natur aus neugierig sind und ein feines Gespür dafür haben, wenn jemand ängstlich reagiert, suchen sie ausgerechnet die Nähe dieser Personen: *Was ist da los?* Da diese jetzt das Gefühl haben, dass der Hund gefährlich werden könnte, steigert dies die Angst. In diesem Vorgang wird die Angst »konditioniert« und verstärkt, sodass beim nächsten Anblick eines Hundes wieder intensive Ängste erlebt werden. Das Limbische System reagiert wie auf Knopfdruck und hat die Betroffenen fest im Griff. Insbesondere ist der Mandelkern wieder aktiv. Der Neokortex, der Bereich des logischen Denkens, ist wie ausgeschaltet; jeder, der erklärt, dass der Hund harmlos sei, dringt nicht wirklich durch und kann die Angst nicht wesentlich verringern. Leicht zu erkennen, dass es sich bei der Phobie um einen Kontrollverlust über Angst handelt.

Untaugliche Problemlösungsstrategien führen zum Kontrollverlust. Wie bei allen Phobien versuchen Betroffene mit Flucht bzw. Vermeidung aus der Klemme zu kommen. Die untaugliche Problemlösung heißt also »Flucht«. Die Flucht führt zu mehr Angst und in den typischen Teufelskreis, jedoch nicht zu einer Lösung. Dies geschieht automatisch und ohne dass dies wirklich erkannt wird. Die Phobie bleibt erhalten und schwächt den psychischen Apparat. Die Strategie ängstlicher Menschen ist das Zurückweichen vor ängstigenden Dingen, dies betrifft viele Lebensbereiche.

! Das Credo in der Therapie lautet: Wo die Angst ist, ist der Weg.

Wenn jemand mit einer Hundephobie seine Ängste verlieren will, müsste er schrittweise auf Hunde zugehen (auf solche, die selbstverständlich von friedlicher Natur sein sollten). Betroffenen hilft die Konfrontation mit der ängstigenden Situation. Die Überwindung der Angst vor der Angst ist die Methode, eine Phobie loszuwerden. In der Psychotherapie hat sich die Konfrontationstherapie als die wirksamste Methode erwiesen. Betroffene werden so lange mit der ängstigenden Situation konfrontiert, bis die Angst verschwindet. Dies ist zunächst zwar ein radikaler Vorgang, hat aber den Vorteil, dass die Ängste sich bald auflösen.

Ein Arzt empfahl seinem Freund, der unter starker Flugangst litt, den Segelflugschein zu machen. Schon als er begann, den Vorschlag in die Tat umzusetzen, war die Flugangst tatsächlich nahezu verschwunden.
Wer seine Höhenangst verlieren will, sollte einen hohen Turm besteigen. Amygdala-Klärung kann ihm dabei helfen, die unrealistischen Ängste zu erkennen, den Neokortex zu aktivieren und sich über die Aussicht zu freuen. Auch hier ist es möglich, Ängste zu genießen: Ich bin stärker als meine Angst, das macht mich frei!

Angststörungen sind ein weit verbreitetes Problem in der Gesellschaft, das weiter zunimmt. Wie auf Knopfdruck reagiert das Gehirn, wenn die entsprechenden Auslöser präsentiert werden (Angstkonditionierung). Man ist längst noch nicht in der eigentlich ängstigenden Situation, aber man hat schon Angst – Angst vor diesem unangenehmen Gefühl der Angst. Wenn man den Kontrollverlust über Angst genau untersucht, dann ist zu erkennen, dass aus der eigentlichen Angst ein viel größeres Gespenst geworden ist.

Bei ängstlichen Menschen ist zu beobachten, dass sie häufig auf der Flucht vor Angst sind:

- *Erzähl mir das nicht, das macht mir Angst, das will ich gar nicht hören.*
- *Da würde ich nicht hingehen, das würde ich mich nicht trauen.*
- *Ich schaue keine Nachrichten, bei mir lösen sie nur Angst aus.*

Ängstliche Menschen haben meist eine ausgeprägte Fantasie, sodass sie sich dramatische Situationen leicht vorstellen können (und dies auch leider gerne tun). Dies bedeutet auch, dass sie sich auf diese Weise leicht in Ängste hineinsteigern. Je stärker das Drama, umso stärker die Angst. Auch an dieser Stelle gilt, dass Übertreibungen Gefühle verstärken. Wer also Angst reduzieren will, sollte auf Übertreibungen achten und diese möglichst meiden. Betroffene erkennen Übertreibungen meist nicht so gut, da sie zu ihrem üblichen gedanklichen und sprachlichen Repertoire gehören, für sie ist es normal, so zu denken. Übertreibungen lassen sich meist an Wörtern wie *unerträglich, furchtbar, nicht auszuhalten, entsetzlich, wahnsinnig, schrecklich* etc. erkennen. Werden diese oder ähnliche Begriffe häufig benutzt, ist es sinnvoll zu prüfen, ob diese Übertreibungen zu Ängsten beitragen und Gefühle von Unsicherheit erzeugen. Wer vermutet, dass er zu Übertreibungen neigt, tut gut daran, dies z. B. mit Freundin oder Freund zu besprechen, um zu einer objektiven Einschätzung zu gelangen. Wer weniger von Ängsten beherrscht werden will, erreicht dies auch durch Vermeidung von Übertreibungen. Schon indem die typischen Redewendungen verändert werden, wird allmählich auch der Blickwinkel realistischer.

Ein Beispiel: »Das Gewitter war furchtbar, entsetzlich, wie die Blitze einschlugen; und dieser Lärm hat mich fast verrückt gemacht.«

Oder: »Es gab ein starkes Gewitter, ich war schon von dem Naturschauspiel beeindruckt, man weiß ja, dass die Gefahr, dass was passiert, recht gering ist.«
In beiden Beispielen handelt es sich um dasselbe Gewitter, lediglich die Bewertung ist eine andere.

Im Jahr 2017 kamen in Deutschland drei Menschen durch Blitzschlag zu Tode. Im Straßenverkehr waren es 3.117 und durch Infektionen in Kliniken bzw. falsche Medikamente geschätzt ca. 58.000. Hier ist zu erkennen, dass die Angst vor Gewittern meist übertrieben ist. Wer sich nicht bewusst in Gefahr bringt, indem er sich beispielsweise bei Gewitter in freie Gewässer begibt, sondern in eine feste Unterkunft, tut alles, um das Risiko zu minimieren. Der Rest ist Schicksal. Sich davor zu fürchten, ist überflüssig, denn den totalen Schutz vor Blitzen gibt es nicht:

Drei Frauen waren vor einem Gewitter in den Bergen in eine Hütte geflüchtet. Als der Blitz in die Hütte einschlug, überlebte niemand.

Wer die Kontrolle über seine Angst verliert, findet bei einer genauen Analyse fast immer unrealistische Übertreibungen. Selten oder fast nie geht es um Leben oder Tod, aber während einer Panikattacke fühlt es sich so an.

Die Amygdala sendet die entscheidenden Angstimpulse. Leider auch dann, wenn es sich nur um eine vermeintliche Gefahr handelt. Daher ist es ratsam, diese Ängste mithilfe von Amygdala-Klärung zu hinterfragen. Halten sie einer realistischen Prüfung stand? Gibt es die Gefahr tatsächlich? Im Falle einer Angstkonditionierung wird der Betroffene immer behaupten, dass es sich um eine reale Gefahr handelt. Hier ist es der Glaube, die stärkste Energie im Menschen, der die Angst verursacht. Mitunter scheint dieser Glaube unerschütterlich und ist mit logischen Argumenten nicht zu beeinflussen. Erst wenn Betroffene selbst beginnen, die Ängste als unangemessen zu verstehen, und anfangen, auf die vermeintliche Gefahr zuzugehen, kann es eine Lösung geben.

Wenden wir uns noch einmal dem Hund von Pawlow zu. Er hatte gelernt, dass es beim Glockenton Futter gibt. Der Speichelfluss setzte schon beim Glockenton ein. Diesen Vorgang hatten wir als Konditionierung erkannt. Sie lässt sich rückgängig machen, wenn es wie im oben genannten Beispiel trotz Glockentons immer wieder kein Futter gibt, sondern zu einem anderen Zeitpunkt. Allmählich führt ein entsprechender Glockenton dann nicht mehr zu Speichelfluss. Diesen Vorgang nennt man Löschung.

Konditionierungen lassen sich löschen! Bei einer Angstkonditionierung passiert dies automatisch, wenn man aufhört, vor unnötigen Ängsten zurückzuweichen.

Die soziale Phobie

> Die wohl häufigste Angst in der Leistungsgesellschaft ist die Angst, nicht zu genügen. **!**

Die Angst, nicht zu genügen, ist ein extrem weit verbreitetes Problem. Dies wird bei der Beschreibung, wie sich das Selbstwertgefühl entwickelt, tiefer beleuchtet. Millionen Betroffene leiden unter einer sozialen Phobie. Sie fürchten sich vor Menschen: etwa wenn sie im Zentrum der Aufmerksamkeit stehen, sie haben Angst, unangenehm aufzufallen, etwas Falsches zu sagen, nicht angemessen gekleidet zu sein … Das geheime Programm *Ich genüge nicht* ist dominant. Man versucht, den Konflikten aus dem Weg zu gehen, wodurch die Ängste wiederum stärker werden.

Eine Angststörung hat ihren Ursprung darin, dass der ständige Versuch, vor der Angst zu fliehen, nicht funktioniert. Es kommt zu einer Angstkonditionierung, was nicht selten in eine Chronifizierung der Störung führt.

Die übertriebenen Ängste sind entstanden, weil man vor den vermeintlich unangenehmen Situationen ausgewichen ist. Das Problem findet im Kopf statt. Etwa während einer Busfahrt oder wenn man einen Raum betritt, stellt sich rasch der Gedanke ein, *dass alle nur auf mich schauen, darauf warten, dass ich einen Fehler mache, oder alle sehen, dass die Kleidung nicht absolut korrekt ist …* Auch hier geht es um die Klärung der Dynamik von Angststörungen. Dafür ist es auch wichtig zu wissen, dass Angst für den Körper ein ungefährliches Gefühl ist. Auch bei einer Panikattacke, die mit Todesangst verbunden ist, sind die Körperfunktionen lediglich auf Hochtouren geschnellt. Tatsächlich ist eine Panikattacke jedoch völlig harmlos für den Körper.

Wie so oft hilft nur das mutige Zugehen auf das Problem. Dabei unterstützt ein neues Programm *Ich genüge immer.* Egal was andere denken, wichtig ist, sich auf Augenhöhe und gleichwertig zu fühlen: *Ich genüge auch, wenn ich Fehler mache, wenn ich nicht perfekt bin!*

Auch durch Amygdala-Klärung wird der realistische Blickwinkel möglich: *Schauen tatsächlich alle im Bus auf mich, oder ist nicht jeder mit sich selbst beschäftigt, so wie ich? Spielt mir die Amygdala einen Streich? Ist die Situation tatsächlich so unangenehm oder gefährlich?*

Die gedankliche Unterstützung macht mutiger. Setzen Sie ein breites Grinsen auf und suchen Sie eine Situation, in der Sie Angst genießen können. Ängste besiegt zu haben ist ein schönes Gefühl! Sprechen Sie einen anderen Fahrgast im Small Talk an: »*Heute ist der Bus ja pünktlich (mal wieder nicht pünktlich)* …« Fragen Sie nach der Uhrzeit, sprechen Sie nicht leise, aber auch nicht zu laut! Genießen Sie die Selbstverständlichkeit Ihrer Anwesenheit. Die Angst verschwindet, wenn Sie etwas tun. Eine soziale Phobie wird nur mit der richtigen Strategie überwunden.

Frau Z. hatte vor Jahren eine kurze Affäre, die sie jedoch beendete, um sich wieder ihrem Partner zuzuwenden. Herr Z. gerät immer wieder in emotionale Krisen, nämlich dann, wenn er beobachtet, dass seine Frau mit einem anderen Mann spricht.

Herr U. hat Probleme, ein Amt zu betreten, etwa um einen Antrag zu stellen. Er fühlt sich den Sachbearbeitern gegenüber klein und unterlegen. Mehrfach nahm er berechtigte Sozialleistungen nicht in Anspruch. Seine Angst vor Autorität hatte ihre Wurzeln in einer strengen Erziehung.

Es ergibt Sinn, die Auslöser genau zu erforschen, sich nicht ungesteuert auf Gefühle, insbesondere auf Ängste einzulassen. Es ist keine Schande, wenn man sich psychotherapeutische Hilfe holt, Angst kann das Leben deformieren und dazu führen, weit hinter den eigenen Möglichkeiten zu bleiben.

Der erste Schritt bei der Behandlung von Angststörungen ist Aufklärung! Nur wer Wege erkennt, wie er selbst dazu beitragen kann, unangenehme Symptome zu beseitigen, kann Heilung finden. Gefühlt steht man vor einem unüberwindlichen Problem. *Meine Ängste werde ich nie verlieren. Niemand versteht, wie schlimm meine Ängste sind.* Der Glaube, dass Ängste unüberwindbar sind, erzeugt genau das Gegenteil von dem, was man am innigsten wünscht, nämlich, dass sie verschwinden. Erst wenn Betroffene selbst glauben, dass sie ihre Ängste behandeln können, ist Heilung möglich.

Dabei ist der Grat, Ängste zu haben oder nicht, sehr schmal. Jeder ist in der Lage, sich mit seinen Gedanken und mit seiner Fantasie in angstvolle Situationen hineinzusteigern. Wer dies immer wieder tut, programmiert das Gehirn, unheilvolle Dinge zu erzeugen.

Die Panikstörung

Panikanfälle sind für Betroffene extrem belastend und in schlimmen Fällen lebensbestimmend. Das größte Problem ist die Angst vor einem weiteren Anfall, die häufig ebendiesen auslöst. Je intensiver Betroffene den Anfall vermeiden wollen, umso sicherer wird er eintreten.

> Frau J. steht in der Schlange vor der Supermarktkasse. Plötzlich, wie aus heiterem Himmel, schlägt die Panik wieder zu. Sie glaubt, keine Luft zu bekommen, ihr Herz rast, sie hat Todesangst und glaubt, dass sie sich nicht mehr auf den Beinen halten kann. Nachdem sie das Geschäft schnell verlassen hat, geht es ihr auf der Straße langsam besser. Sie traut sich jedoch nicht, das Geschäft wieder zu betreten.

Eventuell haben Panikanfälle auch eine hormonelle Ursache (z. B. bei Frauen während der Wechseljahre) bzw. haben ausschließlich organische Ursachen. Geeignete Medikamente sind hier hilfreich.

Meist wird eine Panikattacke durch Stress verursacht. Der psychische Apparat ist überfordert, und der vorhandene Stress entlädt sich wie eine Eruption. Da dieser Vorfall so extrem unangenehm ist, wird es in der Folge Angst vor einem erneuten Anfall geben. Der Gedanke *Hoffentlich bekomme ich keinen Panikanfall* ist nicht selten der Auslöser für einen weiteren. Wieder ist es die Angst vor der Angst.

Hinter Panikanfällen steckt oft die Angst vor dem Tod. An dieser Stelle ist es sinnvoll, sich mit der Angst vor dem Tod auseinanderzusetzen. Hierzu einige Überlegungen und Gedanken: Vor ca. 200.000 Jahren war der Übergang von tierischen Wesen zu den ersten Menschen wesentlich dadurch bestimmt, dass man die eigene Sterblichkeit erkannte. Man sah, wie andere starben, und verstand plötzlich, dass man selbst diesem Schicksal unausweichlich ausgeliefert war. Diese Vorstellung muss unweigerlich große Angst hervorgerufen haben. In der Mythologie ist diese Erkenntnis auch als Vertreibung aus dem Paradies beschrieben. Da es nur schwer zu ertragen war, in ein Nichts zu verschwinden, wurden im Laufe der Geschichte Mythen und Glaubensvorstellungen entwickelt, welche die Ängste binden sollten: ein Leben nach dem Tod, im himmlischen Paradies. Einige glauben wirklich, dass sie 72 Jungfrauen zu ihrer Verfügung haben, nachdem sie sich mittels Sprengstoffgürtel selbst in die Luft gejagt haben. Andere glauben an eine Wiedergeburt und meinen, nach dem Tod in einem anderen Körper weiterzuleben. Wer glauben kann, findet Trost und verliert eventuell etwas von seiner Angst. Hier hängt es entscheidend davon ab, wie stark der Glaube ist. Immer bleibt ein Rest von Unsicherheit; denn niemand kann wissen, was nach dem Tode tatsächlich passiert. Aber warum sollte man glauben, dass es danach schlecht wird? Man darf die Angst loslassen, zumal man sowieso nichts daran ändern kann. Sich über etwas zu sorgen, was in der Zukunft liegt und worauf man keinerlei Einfluss hat, ist überflüssig, Gelassenheit ist nur so möglich.

Vor diesem Hintergrund ergibt es Sinn, sich auf das Leben im Hier und Jetzt einzulassen und den Fokus darauf zu richten, das Beste daraus zu machen. Die Angst vor dem Tod ist die Urangst des Menschen. Nur wenn diese befriedigend bewältigt wird, können alle anderen Ängste ihren Schrecken verlieren. Erst wenn man »Ja« zum Tod sagen kann, ist das »Ja« zum Leben wirklich echt. Wir erinnern uns an das »Jasagen« zu Problemen, die man nicht ändern kann, und daran, dass Symptome auf tiefer liegende Probleme hinweisen. Eine Panikstörung kann z. B. auf die Angst vor dem Tod aufmerksam machen und darauf, dass eine sinnvolle Lösung gefunden werden will. Auch hier ist es notwendig, das »Schloss auszutauschen«. Im Zweifelsfall darf man sich dabei helfen lassen, etwa mit Psychotherapie. Umdenken und Umlernen können Zeit und Energie in Anspruch nehmen. Entscheidend ist die neue Haltung zum Leben, die den Tod nicht mehr verdrängen muss.

Tatsächlich sind gerade die Panikstörungen ein Hinweis darauf, dass die Angst vor dem Tod verdrängt wird. Die plötzliche Todesangst, die gerade intensiv während des Anfalls erlebt wird, kann als deutlicher ernst zu nehmender Hinweis gesehen werden. Der moderne Mensch hat viele Methoden zur Verfügung, sich von dieser Urangst abzulenken, die jedoch nie perfekt funktionieren können: Konsum, Arbeit, Alkohol, Drogen, Hobbys, Reisen etc. Der Mensch mit einer Panikstörung ist sozusagen der Symptomträger einer Gesellschaft, die mit allen Mitteln versucht, die Angst vor dem Tod zu verdrängen.

Aus tiefenpsychologischer Sicht ist die Wurzel für die zunehmende Aggressivität in der westlichen Kultur ebenfalls hier zu suchen. Zu erkennen ist das Bedürfnis, Gefühle von eigener Überlegenheit und Unantastbarkeit zu erzeugen, um sich nicht klein und hilflos dem Schicksal ausgeliefert zu fühlen. Dies wird noch ausführlich im Kapitel 6 »Die destruktive Macht der Wut – Hass ist eine Droge« behandelt.

Doch was hilft bei einer Angststörung, was kann man selbst tun?

Neben der Fähigkeit, sich auf sein Schicksal einzulassen, sind wieder Methoden hilfreich, die den Geist beruhigen und für ein Gefühl von Sicherheit sorgen. Dazu gehören Meditation und das bereits erwähnte Alpha-Relaxing.

Wer ein wirksames Gegenmittel kennt und einsetzen kann, erlebt, dass anstelle der Angst nun Entspannung ist. Wie wir sehen konnten, war die Angst vor einem weiteren Panikanfall der entscheidende Auslöser. Die Kunst besteht jetzt darin, sich nicht auf die Angst zu konzentrieren, sondern auf leere Räume im Körper, die mit Licht gefüllt sind. Mit Training lernt das Gehirn, auf Entspannung umzuschalten.

Der Glaube ist die stärkste Energie im Menschen. *Bekomme ich wieder einen Panikanfall oder hilft mir z. B. Alpha-Relaxing nicht nur, ihn zu vermeiden, sondern mich auch ruhig und entspannt zu fühlen?* Wer glauben muss, dass er der Panik hilflos ausgeliefert ist, wird unweigerlich die Kontrolle über die Angst verlieren. Je öfter es gelingt, durch Entspannung einen anderen emotionalen Zustand zu erlangen, umso mehr verstärkt sich der Glaube an die Wirksamkeit der Methode, positive Effekte verstärken sich.

Es gilt, eine Panikattacke möglichst von vorneherein zu verhindern. Nicht durch Vermeidung einer potenziell panikauslösenden Situation, sondern durch bewusstes Gegensteuern. Mit etwas Abstand gesehen ist wieder zu erkennen, dass ein wirksames Mittel Abstinenz ist. Wer versucht, die Angst, die sich verselbstständigt hat, zu besiegen, indem er sich vielleicht nur ein bisschen auf sie einlässt, hat schon verloren.

Jede Panikattacke schwächt das psychische Immunsystem, jede, die mittels Entspannungstechnik vermieden wurde, stärkt es.

Angstforscher haben bei ängstlichen Patienten die Tendenz entdeckt, sich der ängstigenden Situation gedanklich immer wieder zuzuwenden, also das Gegenteil von Abstinenz. Der Fachausdruck *threat vigilant* steht für übermäßige Aufmerksamkeit. So wie ein leidenschaftlicher Segler alles registriert, was mit Meer, Wind und Schiffen zu tun hat, finden Ängstliche überall Auslöser, die den Angstprozess in Gang setzen. Dieser Teufelskreis kann mithilfe von Entspannungstechniken durchbrochen werden. Auch das Ablenken auf andere Inhalte kann zu Abstinenz führen. Dazu bedarf es vor allem des Bemühens des Betroffenen sowie der

Bereitschaft, die ängstigenden Themen loszulassen. Nicht selten sind die Auslöser fest in der Amygdala, im Limbischen System verankert. Trotzdem kann nur der sachliche Verstand helfen. Sinnvoll ist es, die Dinge auf den Punkt zu bringen. Damit ist gemeint, dass die Angst vor der Angst den Teufelskreis befeuert. Die nüchterne Aufgabe lautet: *Die Angst genau zu beschreiben: Wovor hast du Angst?* Entscheidend ist, dass der Betroffene selbst zu der Erkenntnis gelangt, dass seine Angst unberechtigt ist. Wenn er nach dem Kern der Angst befragt wird, wendet er die Aufmerksamkeit von den Ängsten, die aus der Amygdala stammen, ab.

Rückfälle dürfen nicht überbewertet werden, weil sie normal sind. Werden sie dramatisiert, dreht sich der Teufelskreis. Wichtiger ist, sie möglichst sofort zu beenden und mithilfe von Entspannung und Aufmerksamkeitstraining für Ablenkung zu sorgen. Rückfälle gehören zur Krankheit, da das Gehirn noch nicht ausreichend trainiert ist. Im Laufe der Zeit werden sie immer seltener und verschwinden vollständig. Ein Leben mit wenig unrealistischen Ängsten ist möglich.

Abstinent werden von unrealistischen Ängsten?

Das Ziel ist, mit möglichst wenigen unnötigen Ängsten durchs Leben zu gehen. Absolute Angstfreiheit ist jedoch unrealistisch. Schließich sind wir fühlende Menschen, zu denen Angst gehört, die ja auch schützt und warnt. Ein Medikament, das ohne Nebenwirkung alle unangenehmen Emotionen ausschaltet, gibt es nicht, würde uns aber auch zu Robotern machen und alle gleichschalten. Auch die eigenen Ängste kann man lieben, weil sie zu uns gehören.

Die Vision von einem Leben ohne oder mit wenig übertriebenen Ängsten ist dennoch sehr erstrebenswert. Dabei ist die Häufigkeit und Intensität von Ängsten von Person zu Person unterschiedlich. Es gibt Menschen, die nur wenig Angst erleben, und andere, die fast ständig in Angst leben (generalisierte Angststörung). Das Ziel kann nicht Perfektion sein, weil dies bedeuten würde, die unrealistische Angst vor dem nicht Perfekten zu schüren. Es geht zunächst um die alltäglichen »kleinen« Sorgen und Ängste, die fast jeden immer wieder anfliegen. Das Problem ist, dass die Frage, ob die Angst berechtigt ist oder nicht, von Betroffenen nicht klar beantwortet werden kann. Meist ist es so, dass man sich nicht traut, sie klar zu beantworten. Besonders Menschen, die häufig Angst erleben, sind lieber vorsichtig: *Wer sagt mir, dass meine Angst unbe-*

rechtigt ist? Oft ist es hilfreich, den gesunden Menschenverstand einzuschalten, denn die meisten wissen, dass ihre Ängste übertrieben sind. An dieser Stelle ist es wieder wichtig, viel über die Reaktion der eigenen Amygdala zu wissen. Welche typischen »Fehlalarme« gibt es immer wieder? Hilfreich ist, die eigene Angstentwicklung zu verstehen. Vater oder Mutter waren beispielsweise auch ängstlich, und man selbst entwickelt oft ähnliche Ängste. Nicht selten ist es einfacher, die unrealistischen Ängste anderer zu erkennen als die eigenen.

Die unrealistischen Ängste kommen stets aus dem emotionalen Gehirn. Der erste Schritt ist, sich dies klarzumachen. Mithilfe von Amygdala-Klärung kann der Dialog zwischen Neokortex und emotionalem Gehirn beginnen. Die Tatsache, dass Gefühle nur wenige Sekunden andauern, hat den Vorteil, dass man jetzt die Angst einfach vorüberziehen lässt; da sie als unrealistisch enttarnt wurde, hat sie keine Bedeutung. Möglicherweise sind die alten Muster hartnäckig, da sie eventuell jahrzehntelang eingeübt wurden. Manche werden deshalb glauben, dass sie gefühllos werden, wenn sie auf ihre unrealistischen Ängste verzichten. Diese Angst ist jedoch unberechtigt, da anstelle der Ängste bessere, freudigere, optimistische Gefühle Platz nehmen können.

Auch ängstliche Menschen sind nicht selten frei von Ängsten, etwa wenn sie abgelenkt sind, wenn sie einer interessanten Beschäftigung nachgehen oder Ähnlichem.

Manchmal hilft der Satz, dass man nur für *heute* auf unrealistische Ängste verzichten will und dies im Hier und Jetzt realisiert. Nur wer lernt, sich selbst zu beruhigen, wird unabhängig.

Gerade jetzt brauche ich keine unrealistische Angst zu haben! Die Vorstellung, nie mehr unnötige Ängste zu haben, erscheint für viele bedrohlich. An dieser Stelle greift wieder das Hier-und-Jetzt-Prinzip.

!

Zusammenfassung
Angst ist ein notwendiges, wichtiges Gefühl. Häufig ist es Antreiber für Fortschritt, persönliches Wachstum, für das Vermeiden von Nachteilen und nicht zuletzt schützt es das Leben. Nicht selten ist Angst auch eine Quelle für Nervenkitzel, den viele suchen. Millionen Menschen leiden jedoch unter unrealistischen Angstgefühlen und verderben damit ihr Leben. Kontrollverluste über Angstgefühle gehören zu den häufigsten psychischen Störungen.

Man unterscheidet Phobien, Panikstörungen und die generalisierte Angststörung. Mithilfe von Amygdala-Klärung lassen sich unrealistische Ängste identifizieren und bearbeiten. Die Wunderwaffen sind Meditation und Aufmerksamkeitstraining. Viele Ängste werden durch Grübeln und sich Sorgen verstärkt bzw. entstehen durch grüblerische Gedanken. Die Flucht vor unrealistischen Ängsten ist die eigentliche Ursache für Angststörungen. Die Behandlung besteht daher darin, auf Ängste zuzugehen. Mittels Selbsthilfe oder Psychotherapie ist dies möglich.

Wer ernsthaft an einer Verbesserung seines Angstmanagements arbeiten will, lernt eine Meditations- oder Entspannungsmethode, die er jederzeit anwenden kann (z. B. Alpha-Relaxing). Da, wo Entspannung ist, kann keine Angst sein.

5. Der Kontrollverlust über Ärger und Wut

Selig sind die Sanftmütigen, denn sie werden das Land erben.
(Matthäus 5,5)

Die Bergpredigt im Neuen Testament ergibt aus meiner Sicht nur Sinn, wenn man sie als Anleitung für das tägliche Leben liest. Menschen wurde zu oft suggeriert, dass es um den Lohn im späteren Himmelreich geht. Damit verliert sich der tiefere Sinn der Botschaft und läuft so ins Leere. Sanftmütig kann man auch als pflegeleicht, angepasst, manipulierbar und wenig erstrebenswert missverstehen. Wenn man diesen Satz in den Zusammenhang mit unseren Fragen stellt, kann man sich über diese tiefe Weisheit jedoch nur wundern. Selig kann auch mit glücklich übersetzt werden. *Das Land erben* ist ein Bild dafür, dass hier jemand etwas bekommt, worauf er einen Anspruch hat. Das Land kann auch für die Persönlichkeit stehen. Wir bekommen unsere Persönlichkeit von unseren Eltern und Vorfahren. Wir haben die Verantwortung, sie weiterzuentwickeln. Es geht darum, sich selbst zu finden und Frieden mit sich und der Welt zu schließen. Es geht darum, das weiterzuentwickeln, was wir von der Natur durch unsere Geburt bekommen haben.

Mich erinnert dies an Zen-Mönche, die wohl zu den glücklichsten Menschen dieser Erde gehören. Ihre Sanftmut und ihr inneres Glück erschließen sich aus ihren Meditationen. Der Weg zu einem tieferen Glück ist niemals laut und aggressiv. Die Anweisung lautet: *Der sanfte Umgang mit sich selbst und mit anderen führt zum Ziel.* Sanftmütig bedeutet: liebevoll, gütig, freundlich, liebenswürdig, warmherzig. Dabei kann es nicht darum gehen, klein und unterwürfig zu sein, aber Konflikte möglichst ohne Aggressionen lösen zu wollen, sich auf Augenhöhe mit anderen zu fühlen. Dazu bedarf es intelligenter Strategien. Sanftmütig kann durchaus sehr durchsetzungsfähig sein. Die Frage, wann es richtig ist, sich zu wehren, ist nicht immer leicht zu beantworten.

Herrn G., einem besonnenen und meist um Ausgleich bemühten Menschen, platzt der Kragen. Mit deutlichen Worten und unverkennbarem Ärger weist er auf einen Missstand hin. Alle in der Arbeitsgruppe sind überrascht und sprachlos und schauen betroffen vor sich. Sie wissen, wie recht er hat, die Sitzung nimmt einen völlig anderen Verlauf.

Manchmal ist es wichtig, Ärger zu zeigen, man muss nur wissen, wann und wie. Herr G. ist ein geschätzter Kollege, der seine Gefühle stets im Griff hat. Es gelingt ihm, seinen Ärger im passenden Moment zu zeigen, dies kann hilfreich sein. Seine Reaktion zeigt eine Wirkung, die für die Interessen aller vorteilhaft ist. Allen Beteiligten ist klar, dass es Herrn G. nicht um ihn selbst, sondern um die Sache geht. Allerdings ist auch die Möglichkeit gegeben, dass es genau der falsche Moment ist. Der ständige Nörgler, der immer nur das Negative sucht und findet, ist jedoch nicht der Geeignete im Prozess eines konstruktiven Miteinanders. Bestenfalls wird er nicht ernst genommen, wobei er selbst dies nicht verstehen kann. Alle seine Äußerungen sind doch wichtig!

Viele leiden unter der Angst, die Kontrolle zu verlieren, also genau im falschen Augenblick zu »platzen«. Dies ist ein weit verbreitetes Phänomen, das einer genauen Untersuchung bedarf. Tatsächlich lassen sich für dieses Problem Lösungen aufzeigen. Das zentrale Anliegen dieses Buches ist ja, Gefühle besser zu steuern, in den Griff zu bekommen und intelligent mit ihnen umzugehen.

Unsere Gefühle haben ihren Ursprung in der Evolution. Welche Funktion hatten sie für die Evolution? Ohne Wut und Ärger ist die menschliche Entwicklung nicht denkbar. Viele hunderttausend Jahre war der Kampf ums Überleben das zentrale Thema, und nahezu immer war der aggressivere, der rücksichtslosere Kämpfer im Vorteil. Ein Grundmuster der Evolution ist, dass sich das besser Angepasste und Stärkere durchsetzt. Oft war das der Aggressivere, der Rücksichtslosere. Wenn die Menschheit sich nicht selbst vernichten will, wird es jedoch Zeit, dieses Prinzip infrage zu stellen.

Ärgergefühle dienen dazu, Nähe und Distanz zu regulieren. Wenn mir jemand etwas nehmen will, ist Ärger der normale Impuls. Wir verteidigen unser Revier, unsere Eigenständigkeit, meist ohne dass uns das bewusst ist. Menschen strahlen, ob sie wollen oder nicht, permanent Botschaften aus, auch ohne diese verbal auszudrücken. Ein Zusammenspiel aus Mimik, Gestik und Bewegungen signalisieren unserem Gegenüber, wie wir gestimmt sind und welche Energie in uns vorhanden ist. Sind wir kooperativ und friedlich, oder genügt ein kleiner Funke, um eine Explosion zu erzeugen? Dazwischen liegen viele bunte und graue Töne.

Erfolgreiche Menschen zeichnen sich durch Kompromissbereitschaft, Empathie, Durchsetzungsfähigkeit, Disziplin und emotionale Intelligenz aus. Forscher kommen immer mehr zu der Auffassung, dass bestimmte Persönlichkeitseigenschaften wichtiger sind als ein hoher IQ. Dies bedeutet, dass es gelingt, die Energie in die richtigen Kanäle zu lenken. Bei genauer Untersuchung handelt es sich mitunter auch um aggressive Energie, die durchaus auch dazu dienen kann, etwas zu erreichen. Dies kann für das Gemeinwesen hilfreich oder auch zerstörerisch sein. Ohne solch eine energische, unnachgiebige Energie ist Weiterentwicklung nicht möglich. Es kommt also darauf an, wozu und auf welche Weise sie eingesetzt wird. Für die eigene Person gilt die Frage, wie wird diese Energie für sich selbst eingesetzt? Führt dies auf Dauer zu mehr Zufriedenheit, Selbstliebe und Liebesfähigkeit oder zu Frust, Leid und Krankheit?

Ärger gehört untrennbar zum menschlichen Leben, es hat jedoch Nachteile, wenn man ihn allzu spontan und ungebremst auslebt. Wer sich wütend zeigt, will sich in vielen Fällen durchsetzen. Sein Wille geschehe, und wenn die Wut nicht ausreicht, um das Ziel zu erreichen, dann muss man die Wut weiter steigern. Wer hier Kontrollverluste erlebt, sollte sich darüber im Klaren sein, dass man Wut missbrauchen kann. Wer sich immer wieder in Wut und Ärger hineinsteigert, programmiert die Amygdala auf fatale Weise. Viele Menschen sind empfindlich, etwa wenn sie kritisiert werden oder ihre Meinung nicht akzeptiert wird. Sie wollen mit Wut und Ärger erzwingen, was kaum zu erzwingen ist. Letztlich kann man nicht verhindern, kritisiert zu werden, denn Menschen denken und handeln unterschiedlich.

Herr S. ist ein beliebter, kompetenter Mitarbeiter in der Firma. Er hat viele Freunde, Interessen und ist stets hilfsbereit. In der Familie ist er einerseits sehr bemüht, zeigt aber nicht selten ein problematisches Verhalten. Wenn etwas nicht nach seinen Wünschen verläuft oder er überfordert ist, wird er laut, er schreit und lässt seinen Aggressionen freien Lauf. Besonders die Kinder leiden unter seinen fast täglichen Ausbrüchen.

Nachdem er sich mit der Dynamik des Kontrollverlustes auseinandergesetzt hat, wird ihm klar, dass die einzige Möglichkeit ist, komplett darauf zu verzichten, nicht mehr zuzulassen, dass er sich in Wut- und Ärgergefühle hineinsteigert. Wenn dies auch nur angefangen hat, nehmen die Dinge ihren Lauf und es dauert, bis er sich wieder beruhigt hat. Nach solchen Ausbrüchen entschuldigt er sich immer wieder für seine Impulsivität. Ihm ist bewusst, dass seine Frau und seine Kinder unter seinen Ausfällen sehr leiden, sie tatsächlich große Angst auslösen. Zudem fühlt er sich selbst nach solchen Wutausbrüchen emotional labilisiert und »am Boden«.

Herr S. beginnt, die kritischen Situationen genauer zu untersuchen, mit dem Ziel, bessere, angemessenere Lösungen zu finden. Ihm ist ja klar, dass er mit seinen Aggressionen das Gegenteil erreicht und seiner Familie zudem großen Schaden zufügt. Außerdem bleibt er mit diesen Ausbrüchen weit hinter dem eigenen Selbstbild zurück; denn so unkontrolliert will er ja gar nicht sein; letztlich schämt er sich, zumal er seine Wut ja auch an Schwächeren, seinen Kindern auslässt.

Die zentrale Frage lautet, wie die Probleme wirklich zu lösen sind. Wie kann er sich in Gelassenheit üben, wie seinen Ärger zügeln? Achtsamkeit ist seine Waffe gegen unliebsame Kontrollverluste.

Der richtige Umgang mit Ärger – eine Kunst, die gelernt werden kann

Jeder Mensch steht in einem mehr oder weniger komplizierten Beziehungsgeflecht. Nur wer völlig allein ist, kann nicht mit anderen anecken, nur mit sich selbst. Zu den menschlichen Tragödien gehört das nicht seltene Problem, dass Wut und Hass gegen die eigene Person gerichtet werden, selbstzerstörerische Energie, die auch unbewusst Schaden anrichtet. Unweigerlich sind die Folgen psychosomatische Krankheiten, die den inneren Organen schaden und nicht selten für Schmerzen im Bewegungsapparat verantwortlich sind. Frust, Ärger und Wut setzen negative Botenstoffe wie Cortisol und Adrenalin frei. Positive Botenstoffe wie Serotonin und Oxytocin, die Menschen brauchen, um gesund zu bleiben, werden nicht ausreichend produziert. Meist wird an den falschen Stellen gesucht und nicht die Ursachen, sondern die Symptome werden behandelt.

Damit der Mensch sich in der Balance befindet, ist es wichtig, dass er seine Bedürfnisse angemessen vertritt. Dazu bedarf es der inneren Kraft und eines gewissen Mutes, die eigene Position zu behaupten. In einer Partnerschaft sind beispielsweise immer wieder Kompromisse notwendig, dies gilt es grundsätzlich zu bejahen. Ohne Kompromisse wird es keine Ausgewogenheit zwischen Menschen geben. Interessen sind unterschiedlich, und nur ein faires Gleichgewicht macht dauerhaft glücklich. Wer andere übervorteilt oder immer versucht, nur für sich das Beste zu gewinnen, wird in der Folge scheitern. Genauso falsch ist es, immer nur für die Bedürfnisse anderer sorgen zu wollen, auch das macht auf Dauer unterschwellig wütend und krank.

Ärger ist als Impuls wichtig, er weist darauf hin, dass etwas geklärt werden sollte. Für das persönliche Wohlbefinden ist es günstig, wenn dies rasch geschieht. Länger andauernder Ärger ist nicht gut für die Psyche und sollte daher möglichst bald beendet werden. Kluge Lösungen sind gesucht. Einen großen Vorteil haben diejenigen, die leicht erkennen, dass sie sich mit bestimmten, gerade auch unangenehmen Gegebenheiten abfinden müssen. Wer sich über das Unabwendbare ärgert, erzeugt negative Energie, die sich letztlich gegen seine eigene Person richtet. Hier ist wieder das »Jasagen«, das Annehmen einer gegebenen Situation gefragt. Kontrollverluste über Ärger sind meist davon gekennzeichnet, dass man sich über Dinge ärgert, die nicht zu ändern sind. Man will nicht akzeptieren, dass man ohnmächtig ist, und nach dem Motto *»Besser als nichts tun«* versucht man, sich über Ärger selbst zu suggerieren, dass man doch etwas verändern kann. Die psychische Dynamik ist ähnlich wie beim Grübeln: *der untaugliche Versuch, über Gedanken etwas erzwingen zu wollen.*

Viele Menschen ärgern sich über Dinge, die sie nicht ändern können, die nicht in ihrer Hand liegen. Das führt jedoch oft auch dahin, dass Dinge, die man verändern könnte, nicht angegangen werden. Man ist viel zu sehr mit dem Ärger beschäftigt, sodass man die Möglichkeiten für konstruktive Änderungen nicht sieht. Diesmal ist die Amygdala mit Ärger überschwemmt, sodass der Neokortex nur schwer aktiviert werden kann. Dazu benötigt man mitunter Mut. Wirkliche Veränderung bedeutet nicht selten auch, Nachteile in Kauf zu nehmen.

Mit wenig Ärger durchs Leben gehen zu dürfen, ist eine Gnade. Wie viel man selbst dafür tun kann, ist den meisten nicht bewusst. !

Einige Anregungen:

- Möglichst wenig/kein Neid;
- auf Übertreibungen verzichten;
- auf absolute Forderungen verzichten;
- die eigenen Werte und Talente schätzen und leben;
- zufrieden sein mit dem, was man hat, möglichst nicht vergleichen;
- sich mit anderen Menschen auf Augenhöhe fühlen;
- sich nicht von der Meinung anderer abhängig machen;
- zu den Zumutungen des Lebens »Ja« sagen;
- Dinge, die man tun sollte, wirklich angehen;
- Dankbarkeit entwickeln;
- weniger abwerten;
- sich in die Lage anderer hineinversetzen;
- Frieden mit den Eltern machen (erst dann ist Frieden mit sich selbst möglich);
- Ruhe finden in Entspannung und Meditation;
- die Natur als Quelle der Erholung und des Friedens entdecken.

Die Arbeit mit neuen Programmen (siehe den entsprechenden Abschnitt in Kapitel 7 »Das Selbstwertgefühl / Selbstwertanalyse«) kann das Selbstwertgefühl entscheidend stärken und führt zu mehr Kompetenz im Alltag. Wer sich auf Augenhöhe mit seinen Mitmenschen erlebt, ist weniger ängstlich und wird nachsichtiger mit sich selbst und anderen. Ärger ist meistens überflüssig, es sei denn, er ist Anlass für kreatives Handeln.

> Los, reg dich auf, schreit die Amygdala, das darfst du dir nicht gefallen lassen, an der Stelle platzt dir immer der Kragen, die müssen dich nur richtig kennenlernen …
> Der Neokortex antwortet: Lohnt sich das? Ist es wirklich wichtig? Daran kann man doch sowieso nichts ändern. Gibt es keine bessere Lösung?

Nahezu immer ist der Entschluss, *von Wutanfällen abstinent zu bleiben,* sich also nicht in Ärgergefühle hineinzusteigern, eine richtige Maßnahme. Souveräne Menschen handeln ganz selbstverständlich so. Sie suchen nach kreativen, konstruktiven Lösungen für Probleme und bleiben gelassen, wenn sie nichts ändern können. Die Frage lautet: Wie kann ich den Ärger beenden? Wie lässt sich das Schloss austauschen?

Menschen, die Ärger *sammeln*, die ihn eine mehr oder weniger lange Zeit *schlucken*, benötigen eine besondere Form der Selbstbeobachtung. Wie schon weiter oben beschrieben, besteht die Gefahr, dass sie irgendwann explodieren und der aufgestaute Ärger sich unkontrolliert seinen Weg bahnt. Für sie geht es darum, neue Kompetenzen zu erwerben.

Es geht um den anfänglich geringfügigen Ärger, der es nur dem Anschein nach nicht verdient hat, geäußert zu werden. Wenn es gelingen könnte, frühzeitiger die eigenen Positionen ohne Ärger zu vertreten, wäre das Problem gelöst. Da ist die Angst vor dem Kontrollverlust. Nur zu leicht eskaliert wieder ein Streit und die Angst davor führt zum Vermeidungsverhalten. Vielleicht gibt es auch ein Gegenüber, dass bei jeder Kritik explodiert. Wenn dies in Paarbeziehungen der Fall ist, könnte eine Paartherapie dabei helfen, eine konstruktive Streitkultur zu erlernen (siehe auch den Abschnitt »Gewaltfreie Kommunikation«, S. 93 f.).

Viel häufiger als vermutet wird Ärger *projiziert!* Hierbei handelt es sich um einen sogenannten Abwehrmechanismus.

Herr T. fühlt sich bei seiner Arbeit frustriert, etwa, weil er kritisiert wurde oder ein Kunde verloren ging … Zu Hause angekommen ist sein Ärger nicht verraucht. Er findet geringfügige Anlässe, »Dampf abzulassen«. Oft sind Familienangehörige die Opfer solch einer »Projektion«. Partner und/oder Kinder spüren die schlechte Laune und sind den Agitationen recht hilflos ausgeliefert. Leicht eskaliert solch ein Streit, da jeder recht haben will. Auch der, der seinen Ärger projiziert, glaubt, dass es ihm besser ginge, wenn er mit seiner Kritik in der Familie etwas erreichte. Jedenfalls hat er »Schuldige« gefunden. Dies ist für ihn leichter zu ertragen, als sich dem eigentlichen Frust zu stellen. Nur mit etwas Abstand betrachtet kann er verstehen, dass er jetzt zwei Probleme hat: den Ärger bezüglich seiner Arbeit und den neu entstandenen Streit in der Familie.

Entscheidend ist, wie häufig es zu derartigen Vorfällen kommt. Niemand ist perfekt, und so ist es menschlich verstehbar, dass so etwas mal passiert. Kommt dies jedoch häufig vor, werden Beziehungen belastet und möglicherweise zerstört. Wer sich häufig als »Blitzableiter« für den Partner erlebt, hört entweder auf, ihn ernst zu nehmen, und/oder wendet sich innerlich oder tatsächlich von ihm ab. Menschen mit einer abhängigen Persönlichkeitsstruktur sind geneigt, dies dauerhaft zu ertragen. Besonders dramatisch ist, wenn Kinder Opfer der Projektionen ihrer Eltern werden. Hier findet emotionaler Missbrauch statt. Wer sich an den eigenen Kindern abreagiert, verursacht eine tiefe Beziehungsstörung. Um zu überleben, müssen Kinder sich einen Panzer zulegen, der sie hart macht gegen die Verletzungen und Ungerechtigkeiten, die sie ertragen müssen. Oft erleben sie ein Wechselbad der Gefühle. Jedoch können Entschuldigungen, zugewandte Gefühle und (eventuell) übertriebene Liebesbezeugungen die erlebten Kränkungen und Beschimpfungen nicht ungeschehen machen.

Wenn wir uns in Herrn T. im Beispiel hineinversetzen, dann ist der Ärger, den er auf der Arbeitsstelle erleben muss, verständlich. Er fühlt sich gekränkt, wenn er kritisiert wird. Das eigentliche Gefühl ist also Schmerz. Aber für ihn erscheint es leichter, wütend zu werden, als sich mit Schmerz auseinanderzusetzen. Die meisten Menschen zeigen lieber Wut als Schmerz. Wer sich verletzt zeigt, wirkt schwach und klein, also verwundbar. Wut ist der Abwehrmechanismus, der vor (weiteren) Verletzungen schützen soll. Es kann jedoch nur besser werden, wenn die wahren Gefühle gezeigt werden. Oft weist der Kontrollverlust darauf hin, dass dies nicht der Fall ist. Die Psyche lässt sich nicht betrügen, sie antwortet mit einem Symptom.

! Hinter Wut steckt nahezu immer Schmerz und/oder Angst.

Auch Angst kann bei Herrn T. eine Rolle spielen, etwa, dass sein Job in Gefahr ist. Aber sich ängstlich zu zeigen bzw. über Ängste zu reden ist ebenso schwierig, wie Schmerz und Verletzung zu zeigen. Eine wirkliche Problemlösung läge beispielsweise darin, dass Herr T. seine Sorgen und Verletzungen mitteilt, etwa mit seiner Partnerin bespricht: *So wie mein Chef mich heute kritisiert hat, war das kränkend für mich. Ich habe Angst, die Arbeit zu verlieren …*

Geteilter Schmerz ist halber Schmerz. Folgende Fragen etwa könnten zur Klärung beitragen: *War die Kritik berechtigt? Kann ich etwas verbessern? War sie übertrieben und nicht gerechtfertigt, sollte ich sie dann entsprechend ignorieren und loslassen? Wie kann ich für eine andere »Chemie« sorgen? Wie meine Stimmung verbessern?*

Paarbeziehungen gewinnen an Tiefe, wenn es möglich ist, Sorgen und Nöte gemeinsam zu tragen. Es wäre also durchaus sinnvoll, wenn Herr T. seine Partnerin an seiner inneren Welt teilhaben ließe. Den Ärger einfach abzulassen ist wiederum als untaugliche Problemlösung zu erkennen.

Tatsächlich gibt es unzählige Situationen, in denen Menschen Ärger projizieren: Ein grollsüchtiger Mitarbeiter lässt seine Launen an schwächeren Kollegen aus. Der missgestimmte Chef, der nicht ertragen kann, dass es anderen gut geht, sorgt dafür, dass sich alle schlecht fühlen. Auch bei Mobbing geht es darum, sich selbst besser zu fühlen, indem man andere demütigt, quält, verletzt und sie zu Opfern degradiert.

Wer kritisiert wird, versucht beispielsweise, demjenigen, der ihn kritisiert, seine eigenen Fehler vorzuhalten. So versucht er, sich selbst in Sicherheit zu bringen, indem er den anderen seinerseits durch eine Kränkung verletzt.

Auch Neid ist im Kern ein schmerzhaftes Gefühl, obwohl ein neiderfüllter Mensch meist Wut spürt und erst bei einer genaueren Reflexion erkennen würde, dass es wehtut, zu sehen, dass es anderen (scheinbar) besser geht, oder wenn man Angst haben muss, abgehängt zu werden, sich weniger wert fühlt und sich mehr plagen muss als das Gegenüber.

Die Lust an der Wut

»Lass mich, ich muss mich da jetzt reinsteigern!« – Es kann befreiend sein, einmal alles sagen zu dürfen, was wütend macht, was bedrückt und einengt. Während psychodynamischer Therapien ist Schreien eine Methode, emotionale Blockaden zu lockern. Der wohl bekannteste Vertreter der Schreitherapie ist der US-amerikanische Arzt und Psychoanalytiker Daniel Casriel. Jedoch reicht Schreien allein noch nicht, um tiefere emotionale Probleme zu lösen. Oft ist es wichtig, Wut- und Hassgefühle noch mal zu durchleben, etwa bei erlittenen traumatischen Erfahrungen. Man muss hassen können, eine wichtige Fähigkeit, die zum menschlichen Leben dazugehört. Genauso wichtig ist jedoch, den Hass zu überwinden, damit Verzeihen möglich wird. Wenn Menschen in ihrem Hass stecken bleiben, gibt es keine Erlösung. Die Folge sind Krankheit und psychisches Elend. Eine psychotherapeutische Behandlung findet, wenn sie gelingt, immer den Weg durch eine Trauerarbeit hin zu einem Loslassen.

Wer immer wieder Kontrollverluste über seine Ärgergefühle erlebt, sollte das Problem einer gründlichen Analyse unterziehen. Fast immer ist die tiefere Ursache im eigenen Selbstwertgefühl zu finden. Kann man dies erkennen, ist der Fokus auf neue Programme zu lenken (siehe den entsprechenden Abschnitt in Kapitel 7 »Das Selbstwertgefühl / Selbstwertanalyse«), um ein neues Selbstwertgefühl zu gewinnen. Meist bedarf es zusätzlicher Techniken, um ein Hineinsteigern in Ärger und Wut zu behandeln. Es geht darum, zu verhindern, dass die Amygdala die Regie übernimmt. Sobald dies nämlich geschehen ist, nehmen die Dinge in aller Regel ihren Lauf. Darum ist die Aufmerksamkeit auf die Zeit *vor* einem Kontrollverlust zu lenken.

Destruktive Energien finden sich in vielen Bereichen menschlichen Lebens. Die tiefere Ursache sind Frustration, Unzufriedenheit, ein verletztes Selbstwertgefühl. Innere Wut und die damit verbundenen Spannungen suchen ein Ventil. Da keine konstruktive Lösung zu erkennen ist, entlädt sich die Energie zerstörerisch. Menschen, die unter innerem Groll leiden, suchen und finden Anlässe, um ihre Frustration daran abzureagieren. Oft sind dann Schwächere die Opfer. In Wahrheit gilt die Unzufriedenheit der eigenen Person, und so richtet sich die Aggression letztlich gegen das eigene Ich. Wieder ist zu erkennen, dass eine untaugliche Lösungsstrategie gesucht wird.

Egal wie viel Ärger nach außen getragen wird, egal wie viele beschimpft werden, egal wie oft versucht wird, andere für den eigenen Frust verantwortlich zu machen, das eigentliche Problem mit dem persönlichen Selbstwert verschwindet nicht, im Gegenteil, die negative Energie drückt auf die Stimmung und führt nur zu leicht in einen Teufelskreis. Wer hier Kontrollverluste beobachtet, darf sich somit nicht wundern. Die Unfähigkeit, inneren Groll zu beenden, ist vor allem bei Menschen mit einer narzisstischen Störung verbreitet. Sie leiden unter einer dauerhaften Verstimmung, die sich kaum beeinflussen lässt. Ein Patient formulierte dies einmal sehr drastisch mit einem Ausspruch von Max Liebermann: *»Ich kann gar nicht so viel fressen, wie ich kotzen will.«*[8] Die Wut auf sich selbst schien unbeherrschbar. Mitunter sind Menschen auch tief gekränkt, fühlen sich gedemütigt, man ist durch irgendwelche Begebenheiten tief verletzt, sodass man sein Gegenüber in solchen Momenten auch verletzen will; so entwickelt sich dann kurzerhand tatsächlich eine Lust an der Wut.

Der Groll auf sich selbst blockiert auf drastische Weise die Selbstliebe.

Grollsucht

Bei nicht wenigen Menschen ist Groll ein dauerhaftes Problem. Sie können sich ständig über neue Umstände oder Begebenheiten ärgern. Die innere Unzufriedenheit bleibt und will sich nicht beenden lassen. In der

Fantasie der Betroffenen existiert die Hoffnung, dass der Groll verschwindet, sobald sich die Dinge bessern. Ohne Selbstreflexion und eigenes Zutun wird dies jedoch nicht der Fall sein. Noch mehr Groll löst das Problem jedenfalls nicht.

Fehlgeleitete Wut richtet vielfältige, auch wirtschaftliche Schäden an – der frustrierte Mitarbeiter, der bewusst eine teure Maschine zerstört, eine Gruppe in der Firma, die andere mobbt. Besonders im zwischenmenschlichen Bereich führt dies zu Leid und Beziehungsstörungen. Viele gesundheitliche Schäden haben hier ihre Ursachen.

Jede Form von Radikalisierung hat ihre Wurzeln in ohnmächtiger Wut, die vor dem Hintergrund tiefer Kränkungen entstand.

Mit etwas Abstand gesehen kann man sagen, dass Groll vor allem im Herzen gespürt wird. Was, wenn an dieser Stelle Liebe wäre?

Groll vergiftet – Liebe heilt.

Ich habe ein Recht auf meinen Ärger?

Im Prinzip ist dieser Satz richtig und gilt vor allem für Menschen mit einer Wutblockade. Wem es schwerfällt, wer sich nicht traut, seinen Ärger zu äußern, wer diesen immer wieder in sich hineinfrisst, sollte lernen, ihn zu zeigen. Dies ist meist eine nicht leicht zu bewältigende Aufgabe, da eine Angst im Hintergrund blockierend wirkt. Ärger zu verdrängen macht auf Dauer krank. Ärger, Wut, aggressive Energie sind also keinesfalls immer nur negativ zu sehen, im Gegenteil. Meist steckt in ihnen eine Aufforderung, ein Hinweis, dass es ein Problem zu lösen gibt. Hier sind kluge Lösungen gefragt.

Für viele ist dieser Satz jedoch verhängnisvoll. Sie glauben, ihre Wut jederzeit zeigen zu müssen, und halten dies für ihr legitimes Recht. Dies führt dann unweigerlich zu Kontrollverlusten. Wer spürt, dass er sich viel zu oft und zu heftig ärgert, tut gut daran, seine Aufmerksamkeit auf dieses Problem zu lenken. Ärger und Wut sind in der Regel negative Energien, die dem Wohlbefinden und der Gesundheit schaden. Vor allem nehmen zwischenmenschliche Beziehungen Schaden. Das eigene Verhalten infrage zu stellen ist jedoch nicht so einfach. Es scheint leichter, den Ärger einfach »rauszuhauen«, als nach konstruktiven Problemlösungen zu suchen.

Streitsucht

Streitsüchtige suchen Streit, um innerem Frust ein Ventil zu geben. Auch hier ist die Frage zu stellen, worum es eigentlich geht. Manchmal stecken übertriebene Erwartungen dahinter, etwa: Man muss sich nach meinen

Wünschen und Bedürfnissen richten: *Ich habe das Recht, meinen Ärger jederzeit zu äußern.* Mit der Streitsucht geht ein Kontrollverlust einher, man kann mit dem Streiten nicht aufhören. Die Verstimmung kann mehrere Tage anhalten und Streitigkeiten immer wieder neu anfachen. Die Ursache ist wiederum eine falsche Problemlösungsstrategie. Mit etwas Abstand betrachtet ist leicht zu erkennen, dass sich innerer Frust durch Streit nicht wirklich vermindert. Auch noch mehr Streit macht die Situation nicht besser. Nur: Man kann nicht aufhören, weil sich ansonsten der tiefere Frust verstärkt wieder melden würde. Der unbewusste Wunsch, auf diese Weise sein Selbstwertgefühl zu verbessern, kann sich nicht einstellen. Mithilfe der Selbstwertanalyse lässt sich das tiefer liegende Problem erkennen und behandeln.

Abstinenz von Wut und Ärger?

Kann man abstinent von Ärger und Groll werden? Jedenfalls ist sicher, dass jeglicher Rückfall in den altbekannten Teufelskreis führt und somit einen Kontrollverlust ermöglicht. Eine totale Abstinenz wird sicher nicht gelingen, aber die »Hier-und-Jetzt«-Regel gilt uneingeschränkt; denn nur in der Gegenwart ist es möglich, auf Wut und Ärger zu verzichten und stattdessen etwas Besseres zu leben.

Fast alle Probleme lassen sich ohne Ärger besser lösen. Die Frage lautet: *Ist das Problem zu lösen, wenn ja, wie?* Wer Ärger spürt, sollte diese Frage möglichst bald beantworten. Ärger fordert zum Handeln auf. Was gilt es Konstruktives für eine Verbesserung der Situation zu tun? In vielen Fällen lautet die Antwort jedoch auch: »Nichts!« Die Dinge sind, wie sie sind, und oft besteht gar keine Möglichkeit, Einfluss zu nehmen. Nicht selten wird es schwerfallen, sich mit solchen unabänderlichen Tatsachen abzufinden; wer sie aber trotzdem ändern will, gerät immer wieder in den typischen Teufelskreis. Wie wir schon beim Grübeln erkennen konnten, entsteht der Kontrollverlust hier darüber, dass Betroffene sich selbst suggerieren, durch noch mehr Grübeln doch noch zu einer Lösung zu gelangen. Die Tatsache, dass es keine Lösung gibt, will man nicht akzeptieren. Ähnliches passiert bei Menschen, die sich häufig ärgern. Betroffene glauben, dass durch Wut und Ärger eine Verbesserung möglich ist. Mit etwas Abstand betrachtet ist zu erkennen, dass das Gegenteil der Fall ist. Destruktive Energie belastet die Psyche und den gesamten Organismus.

Wer ernsthaft an seinem »Ärgerproblem« arbeiten möchte, legt sich sinnvollerweise ein *Ärgertagebuch* an. Hier schreibt er jeden Ärger auf, der sich im Laufe des Tages eingestellt hat. Ohne diese Transparenz wird es den meisten schwerfallen, einen wirklichen Überblick zu gewinnen. Eine gewisse Achtsamkeit und Aufmerksamkeit ist ein erster Schritt. Allein die Tatsache, dass *Ärgergefühle* beobachtet werden, ist schon ein Anfang, der hilft, Denkmuster zu beeinflussen. Jetzt ist es möglich, den Ärger zu bearbeiten.

Mit Amygdala-Klärung können Themen, die wiederholt auftreten und immer wieder zu Ärgerreaktionen führen, verstanden werden. Im emotionalen Gedächtnis wurden Inhalte, die Verdruss verursachen, sowie die entsprechenden Reaktionen gespeichert (konditioniert). Wieder geht es darum, für eine andere Chemie zu sorgen: den Ärger nicht so ernst nehmen; es ist ja nur die Amygdala, die wieder einen Streich spielt! Die wirksamste Therapie ist hier Humor. Wer über sich selbst lachen kann, ist auf der besseren Seite!

Mit weniger Ärger durchs Leben zu gehen, kann man lernen, mit Achtsamkeit und mit den richtigen Strategien. Über Rückfälle sollte man sich nicht ärgern, sondern alles tun, um für eine bessere Chemie im Hier und Jetzt zu sorgen.

Buddhistische Psychotherapie

Die Buddhistische Therapie zielt in besonderer Weise darauf, Gefühle in Einklang zu bringen und kann gerade für den Umgang mit Ärger hilfreiche Methoden und Hinweise liefern.

Der Dalai-Lama betont, dass Buddhismus keine Religion ist, sondern eine Wissenschaft des Geistes. In diesem Sinne wird auch psychotherapeutisch gearbeitet. Die Buddhistische Psychotherapie lenkt die Aufmerksamkeit wie keine andere Methode auf die Ausgewogenheit der Gefühle und darauf, wie Menschen aufhören können, Spielball ihrer Gefühle zu sein. Es geht nicht um das Verdrängen von Gefühlen, sondern um den konstruktiven Umgang mit ihnen. Achtsamkeit ist beispielsweise ein Schlüsselwort, das auch für den Umgang mit Kontrollverlusten eine wichtige Rolle spielt.

In der buddhistischen Psychotherapie wird nicht zwischen positiven und negativen Gefühlen unterschieden, sondern zwischen *heilsamen* und *unheilsamen* Emotionen. Aus positiven Gefühlen wie Genuss kann sich durchaus etwas Schädliches entwickeln, z. B. kann übertriebener Genuss in eine Suchtkrankheit führen.

Auch Ärger und Wut sind nicht generell negativ zu bewerten, so können sie zum Ansporn werden, einen Missstand zu beenden, oder man muss sich gegebenenfalls tatsächlich wehren oder verteidigen. Gefühle sollen nicht unterdrückt, sondern achtsam behandelt werden. Wo kommen sie her und welche Wirkungen haben sie auf Dauer? Heilsame Emotionen sollen verstärkt und unheilsame umgewandelt werden. Dazu sind Training und Übung erforderlich. Nach der buddhistischen Lehre entsteht Leid durch »Anhaftung«. Auch wer an seinen Erfolgen »klebt«, erlebt auf Dauer Leid, da Bäume nicht unendlich in den Himmel wachsen, und ein Auf und Ab jedes Leben bestimmt.

Viele der in diesem Buch beschriebenen psychischen Probleme zeichnen sich dadurch aus, dass man an einem Thema klebt (anhaftet) und einen Kontrollverlust erlebt, weil man sich nicht lösen kann.

Im buddhistischen Modus geht es darum, sich über die Entstehung von Gefühlen bewusst zu und achtsam mit den entstehenden Gedanken umzugehen. Besonders ist darauf zu achten, die Dinge nicht weiter zu verschärfen. Die Aufmerksamkeit wird auf die Atmung gelenkt, um so die Energie beispielsweise von der Wut abzulenken. Körperspannungen verringern sich und sind Hinweis darauf, dass das Gefühl besser bewältigt wurde. Jetzt ist die Gelegenheit, eine bessere Lösung ohne Wut zu suchen. Der neue Weg bedarf der Übung und eventuell der Begleitung durch einen erfahrenen Therapeuten.

Das Ziel ist die Beruhigung des Geistes durch Achtsamkeit, Atmen, Loslassen, Entspannen und Meditation. Eine wichtige Erkenntnis ist die Tatsache, dass wir unbewusst alle unsere Gefühle selbst erzeugen: durch unsere Gedanken, Einstellungen und Haltungen.

! Nicht die Umstände machen uns unglücklich, sondern wie wir sie bewerten.

In der buddhistischen Philosophie geht es zentral um den *Inneren Edlen Kern*, den es in jedem Lebewesen gibt. Daraus ergibt sich auch die Gleichwertigkeit jeder Person, auch der eigenen. Mithilfe von Meditation lässt sich Kontakt zu diesem inneren Kern herstellen.

Es geht darum, das Leben in der Balance zu halten und das rechte Maß zu finden. Dies erfordert eine wache Aufmerksamkeit; da Leben immer im Hier und Jetzt stattfindet, sind Ablenkung und Abkommen vom Mittleren Weg normal. Es geht nicht darum, Gefühle zu verdrängen, sondern sie heilsam für sich und andere zu verwandeln; keine Weltflucht, sondern präsent im Hier und Jetzt zu sein. Dafür gibt es Hilfestellungen, die immer wieder auf den momentanen Augenblick zurückführen. Man kann sich beispielsweise irgendein Geräusch aus dem täglichen Leben wählen, das daran erinnert, sich wieder im Hier und Jetzt zu orientieren und zu konzentrieren: den Schlag der Kirchturmuhr, einen vorbeifahrenden Zug, ein vorbeifahrendes Auto ...

Wie zu erkennen ist, geht es wieder darum, das »Schloss auszutauschen«. Gemeint ist, dem Leben eine andere Struktur zu geben. Der Fokus liegt auf innerem Frieden, Glück und Güte.

Wenn Ärger entsteht, geht es nicht darum, sich lautstark hineinzusteigern, auch nicht, ihn zu ignorieren oder zu verdrängen, sondern im Mittleren Weg nach einer intelligenten Lösung für das Problem zu suchen. Dafür schlägt die buddhistische Psychotherapie eine Verlangsamung der Reaktionen vor (heiliges Innehalten). Bevor es zu unbedachten Äußerungen kommt, ist es sinnvoll, zu warten und überlegt zu handeln. Übliche, bekannte Mechanismen und Verhaltensweisen, die nicht unbedingt bewusst sind, können jetzt erkannt werden. Dies gelingt jedoch erst, wenn man sich Zeit nimmt.

Unterschieden wird zwischen unvermeidbarem und vermeidbarem Leid. Unvermeidbar ist ein Schicksalsschlag, eine Krankheit oder das Wissen um den eigenen Tod. Zum vermeidbaren Leid gehören alle Ängste, Gefühle und Sorgen, die man sich beispielsweise um den eigenen Tod macht. Das Augenmerk wird auf das vermeidbare Leid gerichtet.

Gewaltfreie Kommunikation

Bei aufkommendem Ärger gilt für viele: *Lieber im Rechthaben untergehen als klügere Lösungen suchen.* Das Rechthabenwollen ist ein Spiel, das vor allem während der Pubertät stattfindet (nicht selten entsteht allerdings der Eindruck, dass Erwachsene diese Entwicklungsphase noch nicht überwunden haben). Es ist normal, dass Heranwachsende zeigen wollen, dass man sie ernst nehmen soll, dabei ist der Kampf ums Rechthaben ein Ausdruck dieses Bedürfnisses. Kontrollverluste sind hier nicht selten, da Selbstakzeptanz sich nicht erkämpfen lässt. Aber die Frage, wann die Pubertät vorüber ist, kann klar beantwortet werden: Wenn man aufgehört hat, gegen die Eltern zu kämpfen; wenn man sie so akzeptieren kann, wie sie sind. Man kann ihnen recht geben, wo sie recht haben. Man darf eigene Überzeugungen, die von denen der Eltern abweichen, als gleichwertig betrachten, bei erwachsenen Menschen können unterschiedliche Überzeugungen friedlich nebeneinanderstehen.

Viele Konflikte funktionieren nach einem »Nullsummenspiel«. Dies bedeutet, dass es keinen Gewinner geben kann. Entsprechende Auseinandersetzungen verursachen Stress, Ärger und vergeuden Lebensenergie, die sinnvollerweise besser eingesetzt würde. Nullsummenspiele finden in extremer Häufigkeit in Partnerbeziehungen statt. Die Anhaftung ist auch hier ein großes Problem, da der Weg zu einem Loslassen nur schwer oder gar nicht gefunden wird.

Der Psychologe Marshall Rosenberg entwarf ein Modell zur gewaltfreien Kommunikation, um mit Konflikten in konstruktiver Weise umzugehen. Die wichtigsten Prinzipien sind:[9]

- Sein Gegenüber nicht zu kränken oder bloßzustellen. Kritik kann sehr verletzend und vernichtend vorgetragen werden, dies führt nie ans Ziel.
- Der richtige Zeitpunkt ist ebenfalls so zu wählen, dass die notwendige Ruhe und Ungestörtheit gewährleistet sind.
- Der Beginn des Gesprächs ist freundliche Zuwendung, der Türöffner. Wer seinem Gegenüber zunächst mitteilt, wo sie oder er geschätzt wird (was unbedingt stimmen muss), macht nicht nur seine friedliche Absicht deutlich, sondern gewinnt Vertrauen.
- Die eigenen Gefühle beschreiben: Nicht: »Ich bin wütend und sauer«, sondern *Ich habe mich gekränkt gefühlt, ich war verletzt …*
- Einen Wunsch äußern: Wie man zukünftig rücksichtsvoller miteinander umgehen will.

Der Verzicht auf Wut und Ärger bedeutet nicht, sich alles bieten zu lassen, sondern an einem friedlichen Miteinander zu arbeiten.

!

Zusammenfassung
Ärger ist ein zentrales, wesentliches Gefühl, das uns zeigt, dass es hier ein Problem zu lösen gilt. Die Frage ist jedoch, wie. Der konstruktive Umgang mit Ärger ist sehr wichtig, dazu werden Strategien beschrieben. Kontrollverluste über Wut und Ärger sind unendlich häufig. Sie sind verantwortlich für Leid und Zerstörung, insbesondere in sozialen Beziehungen. Nicht das Ignorieren aggressiver Impulse ist das Ziel, sondern der kluge Umgang mit ihnen.

6. Die destruktive Macht der Wut – Hass ist eine Droge

Wie gefährlich *Amygdala Highjacking* werden kann, lässt sich in der rechten Szene beobachten: Man sieht beispielsweise Hunderte Rechtsradikale und Hooligans laut Parolen schreiend, den Hitlergruß skandierend durch die Straße ziehen. Wenn man versucht, die innere Welt dieser Menschen zu verstehen, dann wird man feststellen, dass sie sich in einer Art Rausch befinden. Wut und Hass haben ein Ventil gefunden. In der Gruppe entsteht kollektiv ein grandioses Überlegenheitsgefühl. Immer gibt es eine Minderheit (Flüchtlinge, Juden, Homosexuelle etc.), über die man sich erheben kann, die vernichtet oder vertrieben gehören. Ein Unrechtsbewusstsein fehlt völlig: »Wir sind die einzig Vernünftigen, alle, die gegen uns sind, liegen falsch.« Alle gegenteiligen Argumente oder Ansichten werden als »Lügenpresse« bezeichnet.

Bei »Wutbürgern«, die sich regelmäßig zu Demos versammeln, ist zu beobachten, dass viele trotz ausreichender Intelligenz für logische Argumentation nicht mehr zugänglich sind. Das zu Beginn beschriebene *Amygdala Highjacking* ist vermutlich die Ursache. Der Vergleich mit einer Drogenabhängigkeit drängt sich auf. Auch die Dealer sind zu erkennen: Scharfmacher, Verschwörungstheoretiker und böswillige Populisten schüren den Hass.

Auch das Handeln von Hooligans ist nur zu verstehen, wenn man erkennt, dass auch sie Rauschhaftes in der Aggression suchen. Manche konsumieren Alkohol, bevor sie die gewalttätige Auseinandersetzung suchen. Andere tun dies nicht, um das Gefühl »pur« zu erleben. Die Problematik von Rechtsradikalismus und Faschismus lässt sich nur verstehen, wenn die tieferen Beweggründe dieser Menschen erkannt werden. Die Frage ist, worum es wirklich geht. Was bringt es, wenn man sich über andere erhebt, glaubt, selbst etwas Besseres zu sein? Grundsätzlich handelt es sich hier um den narzisstischen Modus. Offensichtlich wird versucht, das eigene Selbstwertgefühl künstlich aufzuwerten. Niemand, der glaubt, über anderen zu stehen, wird tatsächlich selbst größer, oder bedeutender. In der psychologischen Fachsprache wird der Vorgang als *sozialer Abwärtsvergleich* bezeichnet.

Menschen mit schlechtem Selbstwertgefühl sind anfällig für die Verführungen der rechten Szene. Hier wird suggeriert, dass man nicht ohnmächtig ist, sondern stark und mächtig. Die Gruppe vermittelt ein Überlegenheitsgefühl im Kontrast zu tiefer Wert- und Bedeutungslosigkeit. Die Wirkung der Droge Hass ist vergleichbar mit Kokain. Besonders Menschen mit einer narzisstischen Persönlichkeit bevorzugen Kokain, weil diese Droge das Selbstwertgefühl förmlich aufblasen kann, hin zu omnipotenten Gefühlen. Der Entzug von Kokain ist demgegenüber mit starken depressiven Gefühlen verbunden. Sehr Ähnliches passiert, wenn die Hassgefühle abklingen, wenn man sie nicht weiter schürt. Unweigerlich richtet sich die destruktive Energie gegen die eigene Person. Es liegt nahe, dass man der Missstimmung mit neuem Hass entfliehen will.

Besonders gefährdet sind Jugendliche, die schulisch wenig erreichen konnten, daher schlechte berufliche Perspektiven haben und den üblichen Zielen in der Gesellschaft – einem guten Job und stabilem Einkommen – kaum näher kommen können. Sie fühlen sich in rechten Gruppen aufgenommen, weil ihnen ein besseres Selbstwertgefühl suggeriert wird. Man hat gemeinsame Feinde und eine gemeinsame Ideologie. Die Todfeinde sind die Salafisten, die mit den gleichen Methoden arbeiten, um Anhänger zu rekrutieren. Auch für sie ist das Selbstwertgefühl die Zielscheibe für ihre betrügerischen Manipulationen. Mit kaum etwas anderem sind Menschen manipulierbarer, besonders wenn eine gewisse Bedürftigkeit existiert. Eine Prophylaxe, also besonders junge Menschen von rechter Hetze und Terror fernzuhalten, sollte diese Dynamik berücksichtigen und dafür Sorge tragen, dass es möglich wird, ein stabiles Selbstwertgefühl zu entwickeln.

Hass frisst die Seele auf

Wer versucht, das eigene Selbstwertgefühl mittels Hass und Hetze aufzuwerten, realisiert meist die extremen Nachteile seines Verhaltens nicht. Zunächst wird auf diese Weise ein Überlegenheitsgefühl suggeriert, ein Gefühl von Stärke und Allmacht. Diese Wirkung ist jedoch nicht von Dauer, man muss sozusagen *nachlegen*, noch mehr Hass. Schließlich kann man mit dem Hassen nicht mehr aufhören. Es ist ein dominanter Bestandteil des Erlebens und des Fühlens geworden. Groll ist ständiger Begleiter, und unausweichlich richtet sich die Aggression gegen die eigene Person. Selbstliebe und Liebesfähigkeit werden systematisch zerstört. Ein Mangel an Selbstliebe ist ursprünglich die eigentliche Ursache für den Hass. In der »Hassfalle« verschärft sich das Problem dramatisch. Innere Leere und tiefe Verstimmungen sind die Folge. Betroffene werden von ihrem inneren Hass zerfressen. Sie suchen oft den Ausweg im Konsum von Drogen und Rauschmitteln, um sich auf diese Weise Erleichterung zu verschaffen. Damit ist der Weg in die Drogenabhängigkeit meist kurz. Auch der Weg in die Kriminalität ist leider nicht selten. Gewalttaten und Anschluss an rechtsradikale Gruppen bis hin zu terroristischen Taten sind Folge dieser Verirrung.

Dass es nur eine Scheinbefriedigung gibt, wird nur unterschwellig wahrgenommen, aber verdrängt. Wirkliche Befriedigung will und kann sich nicht einstellen, also braucht man mehr: noch mehr Wut und Hass. Diese Gefühle lassen sich weiter steigern, wenn sie beispielsweise in einer Gruppe Gleichgesinnter lautstark Parolen skandierend in »rauschartigen Zuständen« ausgelebt werden. Der suchtartige Charakter ist deutlich zu erkennen, passend dazu der unübersehbare Kontrollverlust. Das Ziel wäre eine wirkliche Zufriedenheit. Diese bleibt jedoch aus, da in Wut und Hass keine Erlösung liegt. Das Problem trägt enormen Zündstoff in sich, da nur ein Ziel existiert: *die Vernichtung aller Gegner*. Die Suggestion lautet: Erst wenn die absolute Herrschaft übernommen wird, kann es wirkliche Befriedigung geben – wozu dieser fatale Irrtum führt, hat das Dritte Reich gezeigt. Das Selbstwertgefühl der Deutschen leidet immer noch zu Recht unter den Gräueltaten der Nazis.

Es ist kein Wunder, wenn es immer wieder zu Straftaten kommt, zunächst sind da Morddrohungen, dann folgen entsprechende Taten. Nach dem Motto *»immer mehr Hass«* reicht das alleinige Hassen nicht mehr aus, man sieht sich gezwungen, den nächsten Schritt zu tun. Mittels einer Morddrohung wird man jedoch nicht wirklich größer und bedeutender, als man ist, auch nicht durch einen feigen Mord. Im Gegenteil, die eigene Erbärmlichkeit zeigt sich nur umso deutlicher. Beängstigend ist die große Nachsicht von Polizei und Justiz den rechtsradikalen Tätern gegenüber. Wenn man sie lässt, werden sie stärker und die Kontrolle geht immer weiter verloren.

Typischerweise zeigen Täter keine Reue, im Gegenteil, sie lassen sich wie Helden von ihren Anhängern feiern. Aus psychologischer Sicht müsste man die Namen der Täter wie ein Staatsgeheimnis hüten. Man darf ihnen keinen Namen geben, damit jeder, der eine terroristische Tat begeht, spürt, dass er in der Bedeutungslosigkeit verschwindet. Dies muss für jemanden, der durch Terror Ruhm und Ehre erwartet, als Höchststrafe gesehen werden.

Das Internet bietet die Möglichkeit, unerkannt Hassmails an Politiker oder bekannte Persönlichkeiten zu senden. Auch hier ist eine Scheinbefriedigung zu erkennen. Nur jemand mit chronisch schlechtem Selbstwertgefühl versucht, sich auf diese Weise aufzuwerten. Tatsächlich benötigt er Hilfe, da er unfähig ist, auf natürliche Weise seine Defizite zu bearbeiten.

Fazit: Hass ist eine billige Droge, die für jeden leicht zugänglich ist. Sie verschafft eine direkte Scheinbefriedigung, die nach mehr schreit, da die Wirkung rasch abklingt. Auf Dauer wächst die Unzufriedenheit, denn letztlich richtet sich Wut gegen die eigene Person, die Frustration wächst, da nichts wirklich Befriedigendes geschieht. Das Wissen um die eigene Machtlosigkeit ist und bleibt latent immer vorhanden, egal wie sehr man sich in Omnipotenzgefühle hineinsteigert.

Bei genauer Betrachtung stecken Betroffene in der Falle. Sie müssten ihren Irrtum erkennen und zugeben und realistische Wege finden, ihr defizitäres Selbstwertgefühl zu bearbeiten. Allein das ist schwierig, und für manche erscheint dies unmöglich.

Aussteigerprogramme, die ein neues Selbstwertgefühl vermitteln, sind geeignet, einen Perspektivwechsel zu ermöglichen, hin zu Menschlichkeit, Mitgefühl und Frieden mit sich selbst und anderen.

!

Zusammenfassung

Hass kann zu einer gefährlichen Droge werden. In der rechtsradikalen Szene ist zu beobachten, wie Hassgefühle, die in Gruppen exzessiv ausgelebt werden, rauschhafte Zustände erzeugen. Die Wirkung von Hass ist dem Kokain sehr ähnlich. Das eigene Ego wird förmlich aufgeblasen. Der Wahn, sich über Minderheiten, wie Ausländer, Juden, Moslems und andere Minderheiten, so erheben zu müssen, lenkt von den eigenen Minderwertigkeitsgefühlen ab. Der Entzug von Kokain ist mit starken depressiven Gefühlen verbunden. Dies muss auch für Hassgefühle, die nicht weiter gesteigert werden, angenommen werden. Das »Nachlegen«, d. h. die Steigerung der Hassgefühle ist daher eine logische Folge, die eventuell im Mord mündet. Man muss die Namen der Täter wie Staatsgeheimnisse hüten, damit die Täter nicht wie Helden in der Szene gefeiert werden, sondern in der Bedeutungslosigkeit verschwinden. Justiz und Polizei müssen endlich mit der notwendigen Konsequenz reagieren.

7. Das Selbstwertgefühl / Selbstwertanalyse[10]

Menschliches Verhalten dreht sich in weiten Teilen um das Selbstwertgefühl. Das gilt für den Künstler genauso wie für die Mutter, die einen Kuchen für die Familie backt. Die meisten Menschen erwarten für ihre Leistungen Anerkennung. Nicht selten ist dies wichtiger als Geld. Eine Tätigkeit, die viel Geld bringt, für die der Leistungserbringer aber keine Wertschätzung erhält, macht nicht glücklich. Genauso wenig wie eine Tätigkeit, die man selbst hasst und nicht wertschätzt.

Insgesamt wird die Bedeutung des Selbstwertgefühls für unser Lebensglück und unsere psychische Gesundheit stark unterschätzt. Jeder versucht, alleine damit klarzukommen. Ist das Selbstwertgefühl gestört, sind Probleme und Krankheiten zu erwarten. *Wie sehr sich das Streben der Menschen um das Selbstwertgefühl dreht, ist den meisten nicht bewusst.* Eine abfällige Bemerkung, ein kritisches Wort, kann z. B. tiefe Verzweiflung verursachen. Das ist bei fast jedem Menschen zu beobachten. Wer sich für dieses Thema öffnet, wird erkennen, dass ein Lob viel weniger stark wirkt als eine Kritik oder Abwertung. Das Prinzip lautet: Für das Selbstwertgefühl wirkt das Negative viel stärker als das Positive. Leider tragen wir unbewusst selbst dazu bei. Warum wirkt in der Regel Kritik so stark und ein Lob, das wir uns berechtigterweise selber geben, so schwach? Wie lässt sich dies ändern?

Für das Selbstwertgefühl gelten folgende Grundsätze, die für die Entwicklung maßgeblich sind.

> Das Selbstwertgefühl entwickelt sich entscheidend während der ersten sechs Lebensjahre. **!**

Darin sind sich die meisten Forscher einig. Dies bedeutet nicht, dass die folgenden Jahre unwichtig sind, aber wohl, dass die frühen Prägungen bestimmenden Charakter haben. Die Frage, ob sich ein Mensch auf dieser Welt willkommen fühlt, stellt sich schon während der Schwangerschaft. Welche Gefühle hat eine werdende Mutter zu dem, was in ihrem Körper heranwächst? Unweigerlich geht ihre Haltung in die Seele des Kindes ein. Das Fundament für das Selbstwertgefühl wird von den Eltern gelegt, ihre Einstellungen haben prägenden Einfluss. Ein Kind möchte von beiden Eltern geliebt werden und wird in aller Regel alles dafür tun, diese Liebe zu bekommen.

> **!** Das Selbstwertgefühl wird von inneren Programmen (Glaubensüberzeugungen) bestimmt.

In einer Leistungsgesellschaft gelingt es vielen nicht, ein starkes Selbstwertgefühl zu entwickeln. Das Selbstwertgefühl wächst mit dem Wohlstand nur scheinbar. Würde es sich tatsächlich in der Breite der Bevölkerung verbessern, würde sich eine Zunahme von echter Selbstliebe bei vielen erkennen lassen. Dies wiederum würde man daran merken, dass sich Menschen auf Augenhöhe mit anderen sehen, gleichwertig und ebenso wichtig wie jeder andere. Die psychischen Probleme würden abnehmen und die Menschen würden glücklicher. Immer wenn Menschen glauben, sich über andere stellen, sie abwerten zu müssen, weist dies lediglich auf einen Mangel an Selbstliebe und Selbstwert hin.

Unsicherheiten bezüglich des eigenen Selbstwertgefühls und Kränkungen führen immer wieder zu Dramen, sowohl im Bereich zwischenmenschlicher Beziehungen als auch auf internationaler Ebene – wie man z. B. auch an der (Selbst-)Inszenierung mancher Staatsoberhäupter vorrangig in populistischen Regimes sehen kann. Auch bei kriegerischen Auseinandersetzungen geht es fast immer um das Selbstwertgefühl. Ob Jesiden ihre Glaubensbrüder, die Sunniten, bekämpfen, Christen Mohammedaner abwerten, Mohammedaner Christen abwerten, wenn Salafisten behaupten, im Besitz der wahren Lehre zu sein (was auch Christen immer wieder behaupten), geht es um das Selbstwertgefühl. Nach dem Motto *»Ich bin besser als du«*, werden andere Menschen abgewertet. Dies führt zu Wut und Hass, der leicht eskalieren kann.

Die Vorläufer von Streit in einer Familie sind Abwertungen, Beleidigungen, Missachtung, Kränkungen, Kritik und selbstverständlich Ungerechtigkeiten. Auch hier geht es immer um das Selbstwertgefühl. Das Elend auf der Welt wäre viel geringer, wenn es Menschen besser gelingen würde, ihr Selbstwertgefühl auf gesunde Weise zu regulieren. Dazu würde gehören, sich nicht so leicht verunsichern und aus der Ruhe bringen zu lassen, und ein starkes Selbstwertgefühl aus positiven inneren Programmen herzuleiten.

Mithilfe der Selbstwertanalyse, die im Folgenden in Kurzform beschrieben wird, lassen sich altbekannte Programme identifizieren; meist stammen sie aus der Kindheit und sind im emotionalen Gedächtnis gespeichert. Wie sehr diese Relikte das Leben belasten können, wird an vielen Beispielen sichtbar. Die entscheidende Frage wird jedoch sein, wie diese schädlichen Programmierungen positiv verändert werden können. In diesen negativen Programmen sind übrigens die tieferen Wurzeln für Kontrollverluste zu finden.

Wie sehr das Selbstwertgefühl das Leben eines Menschen bestimmt, wird meist unterschätzt. Fast alle psychischen Störungen, die keine biologischen Wurzeln haben, werden durch Störungen der Selbstwertentwicklung verursacht. Ein starkes Selbstwertgefühl lässt uns selbstsicher durchs Leben gehen und ist in erster Linie dafür verantwortlich, dass wir Zufriedenheit und Lebensglück entwickeln können.

Die *Selbstwertanalyse* ist eine Methode, die ich entwickelt habe, um meinen Patienten und Patientinnen auf leicht verständliche Weise tiefe Einblicke in die Entwicklung ihres Selbstwertgefühls zu ermöglichen. Nur wer verstanden hat, wie innere Programme unser Denken und Fühlen steuern, kann aktiv an den Stellschrauben drehen, um auf diese Weise wirkliche Verbesserungen herbeizuführen.

Das Selbstwertgefühl ist das, was wir über uns selbst glauben. !

Die Selbstwertanalyse hilft, die tieferen Ursachen von Störungen und Problemen zu ergründen und zu verstehen; anwenden kann diese Methode jeder. Nach der Definition der Weltgesundheitsorganisation (WHO) ist Gesundheit mehr als die Abwesenheit von Krankheit: Liebesfähigkeit, Zufriedenheit, Teilhabe am gesellschaftlichen Leben sind für die psychische und körperliche Gesundheit wesentlich.[11] Es ist das Ziel der Selbstwertanalyse, das Lebensgefühl deutlich zu verbessern. Dafür bedarf es allerdings der aktiven Selbsthilfe: Welche neuen Programme gilt es zu übernehmen und in den Alltag zu integrieren? In jedem Menschen gibt es Kräfte, die den Status quo aufrechterhalten wollen. Nach dem Motto *»Ich will so bleiben wie ich bin«* fallen wir immer wieder zurück in vertraute Verhaltensweisen. Vertrautes verheißt Sicherheit; Neues hingegen wirkt irritierend und versetzt die Amygdala in Alarmbereitschaft (s. auch das Kapitel »Amygdala-Klärung«). Das ist ein völlig normaler Vorgang, weil er jahrzehntelang eingeübt wurde. Was man dagegen tun kann, wird im Weiteren ausführlich erklärt.

Wie entwickelt sich das Selbstwertgefühl?

Die Entwicklung des Selbstwertgefühls beginnt während der Schwangerschaft. Die Haltungen, Gefühle, Vorstellungen, Eindrücke, Empfindungen und Ahnungen der Mutter gehen in die Seele des Ungeborenen ein. Die maßgeblichen Prägungen finden, wie bereits erwähnt, während der ersten sechs Lebensjahre statt, darüber besteht Einigkeit bei den meisten Forschern und Wissenschaftlerinnen.

Der moderne Mensch hat in gewisser Weise den Kontakt zur Natur verloren. Fast jeder trägt (unbewusst) dieses Unbehagen in sich, ob er eine natürliche Existenzberechtigung hat. Er fühlt sich nicht als selbstverständlichen Teil der Natur, wie Tiere dies tun. Menschen suchen fast immer nach einer Existenzberechtigung. Das macht sie unruhig, denn nie ist gewiss, ob es reicht, was sie tun. Zehn Minuten ruhig auf einem Stuhl zu sitzen, ohne etwas zu tun, ist den meisten nicht möglich. Blaise Pascal, der französische Physiker und Philosoph, war deshalb der Meinung, dass genau aus diesem Grund Kriege geführt werden. Der Mensch steht außerhalb der Natur und fühlt sich nicht zugehörig. Darum glaubt er auch, mit ihr machen zu können, was er will. Die skrupellose Ausbeutung der Natur ist die Folge.

Obwohl Säuglinge und Kleinkinder noch nicht sprechen können und der Neokortex, der Ort des logischen Denkens, noch nicht ausreichend entwickelt ist, gehen die Reaktionen der Eltern in die Seele wie Botschaften ein. Misshandlungen, Vernachlässigungen, Trennungen und Verluste hinterlassen Spuren. Die emotionale Entwicklung wird nachhaltig geschädigt, insofern eine Labilisierung stattfindet. Das heißt, die innere Stabilität, die für unser Sicherheitsgefühl verantwortlich ist, wird nicht in ausreichendem Umfang entwickelt. Während der frühesten Entwicklungsphase werden Erinnerungen im emotionalen Gedächtnis, also im Limbischen System und in der Amygdala gespeichert.

Für das Leben eines jeden Menschen stellen sich gleich zu Beginn drei Fragen, die für das Selbstwertgefühl ganz entscheidend sind.

Die erste und wichtigste Frage: *Bin ich willkommen?*

Diese Frage richtet sich zunächst an die Mutter bzw. die primäre Bezugsperson, die von elementarer Bedeutung für den Säugling ist. Ein willkommenes Kind erfährt nicht nur Liebe und Wertschätzung, sondern wird auch entsprechend seiner Bedürfnisse versorgt und betreut. So entwickelt sich Urvertrauen in die Welt und die Basis für Selbstliebe wird geschaffen. Für die Persönlichkeitsentwicklung ist diese frühe Zeit von großer Bedeutung. Ein Säugling will die Mutter fühlen, riechen und schmecken. Wie sie ihr Kind anschaut, mit ihm spricht, Freude über seine Existenz zum Ausdruck bringt, kann nicht hoch genug bewertet werden. Ihre Liebe wandert förmlich hinüber in die Seele ihres Kindes. Auch die emotionalen Schwingungen des Vaters, der Geschwister, der Großeltern – aller nahestehenden Bezugspersonen – nimmt die Seele auf, sie tragen maßgeblich zur Entwicklung des Selbstwertgefühls bei.

Das sogenannte Urvertrauen und das Gefühl, willkommen zu sein, können die Basis für ein glückliches Leben sein. Die Fähigkeit, sich anderen Menschen nahe zu fühlen, Liebe zu empfangen und zu geben, ist nur mit einem stabilen Selbstwertgefühl möglich. Wer sich selbst nicht lieben kann, hat kein inneres Gefäß, wo er geschenkte Liebe sicher bewahren kann. Er kann nicht glauben, dass er es wert ist, geliebt zu werden. Wahrscheinlich läuft er hinter Liebe her, ohne jedoch sein innerstes Bedürfnis befriedigen zu können.

Wenn ein Kind nicht wirklich willkommen ist, wird die Versorgung auf allen Ebenen mangelhaft sein. Tiefe Verzweiflung wird von Beginn an das Dasein belasten. Die emotionale Vernachlässigung führt nicht nur zu psychischen Problemen, sondern auch zu körperlichen Krankheiten und Nachteilen. Die emotionale Stabilität, die maßgeblich durch die Entwicklung des Urvertrauens gestärkt wird, bleibt in diesen Fällen mangelhaft, häufige Kontrollverluste über Gefühle sind eher wahrscheinlich.

Destruktive geheime Programme

Für die Entwicklung des Selbstwertgefühls sind gerade die frühen Erfahrungen prägend. Menschen sind selbstverständlich keine Computer, dennoch funktioniert jeder nach bestimmten Mustern, die ihn ständig begleiten; das Selbstwertgefühl wird durch innere Programme gesteuert, die wie auf einer Festplatte programmiert wurden. Es gibt positive Programme, die das Selbstwertgefühl stabilisieren und für gute Stimmung sorgen. Daneben existieren möglicherweise auch negative, die sich nachteilig auf die Persönlichkeit auswirken. Ein Kind, das nicht willkommen war, nimmt diese Programmierung in Form eines inneren Programms mit in das Leben. Das Programm lautet: *Ich bin nicht willkommen.*

Ich bezeichne diese frühen Prägungen als *geheime Programme*. Geheim, weil Menschen ihre negativen Prägungen zu verstecken suchen, oft auch vor sich selbst. Jeder möchte perfekt sein, einen möglichst guten Eindruck machen. Das Negative sucht man zu verbergen, wenn es einen Makel gibt, schämt man sich. Dies führt dazu, dass man sich und anderen etwas vormacht. Das Unechte, das Menschen voneinander distanziert, hat seine Wurzeln in der Scham. C. G. Jung, der berühmte Psychoanalytiker, sprach vom *Schatten*. Er hatte erkannt, dass es in jedem Menschen etwas gibt, das ihm wie ein Schatten folgt, wohin er auch geht, was er auch tut, er wird es nicht los. Geheime Programme bilden diesen Schatten, es ist allerdings möglich, sie zu erkennen und zu beschreiben. In der Psychoanalyse nennen sie sich *destruktive Selbstrepräsentanzen*.

Destruktive geheime Programme führen oft zu extremem Leid. Wie ein roter Faden zieht sich ein Thema durch das Leben, das ein Grundgefühl spiegelt. So führt das geheime Programm *Ich bin nicht willkommen* zu Misstrauen in sozialen Beziehungen. Selbst dann, wenn ihnen echte Zuneigung entgegengebracht wird, können Betroffene nicht spüren, dass sie tatsächlich willkommen sind.

Wenn ich die Selbstwertanalyse mit meinen Patientinnen und Patienten in Großgruppen besprochen habe, waren meist zwischen 40 und 50 Personen im Raum. Immer stellte ich an einer bestimmten Stelle die Frage: »Wer weiß von sich, dass er nicht willkommen war?« In der Regel fanden sich ca. sechs oder sieben Personen, die dies von sich behaupten mussten. Einen von ihnen bat ich, laut zu sagen: »Ich bin willkommen.« Nachdem er diesen Satz wiederholt hatte, kam meine nächste Frage: »Stimmt das?« Seine Antwort: »Nein, das stimmt nicht.« Danach richtete ich mich wieder an die gesamte Gruppe mit der Frage: »Bei wem ist Herr XY willkommen?« Alle Gruppenmitglieder hoben die Hand. An diesem Beispiel lässt sich erkennen, dass nur das zählt, was ein Mensch von sich selbst glaubt.

Menschen, die nicht willkommen waren, leiden häufig an einer Borderline-Störung. Innere Unruhe treibt sie an, sodass sie ständig für Chaos sorgen müssen. Besonders in Beziehungen führt dies zu extremen Spannungen. Kontrollverluste gehören zum täglichen Leben. Diese Störung wird weiter unten ausführlich beschrieben.

Das geheime Programm *Ich bin nicht willkommen* verursacht Verzweiflung und Wut, eine Wut, die Betroffene zerstörerisch gegen sich selbst oder andere richten.

Geheime Programme tragen zerstörerische Energie in das Leben, psychische Erkrankungen sind die Folge. Vor allem sind depressive Störungen, Angst- oder Zwangserkrankungen oder auch Süchte zu beklagen. Psychische Symptome können fast immer als Hinweis auf eine tiefer liegende Störung begriffen werden. Diese versteht man nur, wenn die *geheimen Programme* erkannt werden.

Frau Z. litt immer wieder unter starken Selbsthassgefühlen, die sie sich nicht erklären konnte. Objektiv gab es keine Gründe für diese negativen Emotionen. Nachdem sie sich mit dem System der Selbstwertanalyse vertraut gemacht hatte, erinnerte sie sich an die Aussagen ihrer Mutter. Diese hatte erklärt, dass sie nicht gewollt war. Die Mutter war immer wieder die Treppe hinuntergesprungen, um sie abzutreiben. Obwohl Frau Z. sich später in der Familie willkommen fühlte, blieb die frühe Programmierung offensichtlich bestehen.

Geheime Programme sind tief im emotionalen Gedächtnis gespeichert und lassen sich nicht so leicht verändern. Sie können jedoch überschrieben werden. Wie das funktioniert, wird im weiteren Verlauf ausführlich erklärt.

Die zweite Frage: *Genüge ich?*

Die zweite Frage stellt sich wenig später im Leben. Sie lautet: *Genüge ich*?, und ist eng gekoppelt mit der Frage: *Werde ich geliebt?* Jedes Kind will von seinen Eltern geliebt werden, dies ist ein Urbedürfnis und ist für die Entwicklung des Selbstwertgefühls von zentraler Bedeutung. Bereits im ersten Lebensjahr beginnt das Bemühen, den Eltern gefallen zu wollen. Schon kleine Kinder strengen sich sehr an, um von den Eltern eine positive Spiegelung zu erhalten, die ihnen zeigt, dass sie geliebt werden. Von beiden Eltern wollen Kinder die Bestätigung, dass sie in Ordnung sind, so wie sie sind, dass sie *liebenswert* sind, dass sie genügen. Dabei reicht es nicht, diese Wertschätzung nur von einem Elternteil zu bekommen. Wenn die Mutter dem Kind ihre Zufriedenheit mit ihm zeigt, der Vater jedoch nicht, entsteht eine narzisstische Wunde. Für das Selbstwertgefühl wirkt die Zurückweisung durch den Vater viel stärker als die Bestätigung durch die Mutter. So sind viele Menschen auf der Suche nach Anerkennung und Bestätigung. Unbewusst versuchen sie, eine Wunde zu schließen, die schon früh entstanden ist. Im emotionalen Gedächtnis sind diese Informationen gespeichert und werden aktiviert, wenn es beispielsweise darum geht, von einem Lehrer oder Vorgesetzten gelobt zu werden, bzw. man fühlt sich über die Maßen gekränkt und zurückgewiesen, wenn ein Lob ausbleibt usw.

Kinder, die den Eltern oder einem Elternteil nicht genügen, entwickeln ein mehr oder weniger starkes inneres Programm, das da lautet: *Ich genüge nicht.*

Die zweite Frage, ob man als Mensch genügt, spricht zentral die narzisstische Ebene an. Jedes Kind will von beiden Eltern positiv bewertet werden: *Du bist okay, so wie du bist. Wir lieben dich, ohne dass du dafür Besonderes leisten musst.* Die Angst der Eltern, dass ihr Kind den Anforderungen der Leistungsgesellschaft nicht gerecht wird, führt zu verhängnisvollen Erwartungen: *Du musst noch besser werden.* Viele Schüler, die Nachhilfeunterricht bekommen, stehen zwischen den Noten Zwei und Drei. Die Botschaft lautet: *Du genügst nicht, du musst noch besser werden.* Wie sehr auf diese Weise das Selbstwertgefühl gestört wird, ist den betreffenden Eltern meist nicht bewusst.

In einer Konkurrenz- und Leistungsgesellschaft ist es für viele schwierig, ein positives Selbstwertgefühl zu entwickeln und stabil zu halten. Das Gefühl, nicht zu genügen, ist bei vielen Menschen zu einem Bestandteil der Persönlichkeit geworden. Es gibt immer viele, die vermeintlich oder tatsächlich besser sind, mehr erreichen und scheinbar leichter nach vorne kommen. Neid und Eifersucht sind ein großes Problem und belasten das Selbstwertgefühl. Für Menschen, die schon früh erfahren mussten, dass sie von Mutter oder Vater nicht ausreichend geschätzt wurden, ist es besonders schwer, das Grundgefühl, zu genügen, dauerhaft zu halten. Sie leiden unter Selbstzweifeln und der latenten Angst, nicht zu genügen. Oft sind sie unsicher, ob die eigenen Leistungen ausreichen. Selbst wenn sie Erfolg haben, taucht die Frage auf: *Hätte ich das nicht noch besser machen können?* Was erreicht wurde, ist wenig wert, man kann sich nicht richtig freuen, vielmehr entsteht gleich der Wunsch, noch mehr, noch Besseres zu leisten. Hier gilt es zu verstehen, dass die frühen Prägungen bleiben, sie lassen sich durch nichts zum Verschwinden bringen, nicht durch die größten Erfolge oder Errungenschaften.

Das geheime Programm *Ich genüge nicht* ist ein mächtiger Antreiber. Auch viele erfolgreiche Menschen tragen es in sich und sind Opfer ihres

übertriebenen Ehrgeizes. Was sie auch erreichen, Zufriedenheit will sich nicht einstellen. Die Gier nach immer mehr, immer besser, immer schneller und höher hat hier ihre Wurzeln.
Wenn Kritik schlecht ertragen wird, ist dies ein deutlicher Hinweis auf die Existenz des geheimen Programms *Ich genüge nicht.* Wie wir sehen konnten, wurde die Kränkung im emotionalen Gedächtnis gespeichert, sodass die Wunde immer noch offen ist. Auch berechtigte Kritik aktiviert das frühe Trauma und die Gefühle des kleinen Kindes, das den Abwertungen hilflos ausgeliefert war. So entwickelt sich eine mehr oder weniger starke Wut, die zur Verteidigung auffordert oder gegen die eigene Person gerichtet wird.
Das geheime Programm *Ich genüge nicht* ist für viele Störungen und Probleme verantwortlich. Menschen setzen sich selbst unter Druck (Stress), weil sie glauben, viel dafür tun zu müssen, damit diese innere Wunde endlich heilt. Man versucht, das Defizit zu kompensieren, meist mit sogenannten *Gegenprogrammen,* die das Problem jedoch nicht lösen, sondern zementieren. Im weiteren Verlauf werden diese ausführlich beschrieben.

Das Impostor-Syndrom
Nicht selten macht sich das geheime Programm *Ich genüge nicht* auf krasse Weise bemerkbar. Dies ist z. B. beim Impostor-Syndrom, auch Hochstapler-Syndrom, der Fall. Impostor bedeutet »Betrüger, Hochstapler, Schwindler«. Betroffene haben das Gefühl, Betrüger zu sein. Sie glauben, dass ihre zum Teil überragenden Leistungen rein zufällig sind und dass sie im Falle des Erfolgs nur Glück gehabt haben. Sie glauben, nicht zu genügen oder nicht gut genug zu sein. Einer meiner Patienten hatte es geschafft, aufgrund seiner überragenden Intelligenz mit 27 Jahren Dozent an einer Eliteuniversität zu werden. Trotzdem wurde er von ständigen Zweifeln geplagt, nicht zu genügen. Bei der Selbstwertanalyse wurde ihm bewusst, dass er als Kind seinem Vater nie genügen konnte.

Das geheime Programm *Ich genüge nicht* kann in den »narzisstischen« Modus oder aber in den »abhängigen« Modus führen. Im narzisstischen Modus versuchen Menschen sich selbst aufzuwerten, indem sie sich über andere stellen. Um die tiefe Wunde zu kompensieren, wird mit allen Mitteln versucht, die eigene Bedeutung und den eigenen Wert zu betonen. Die übertriebene Sucht nach Aufmerksamkeit und der unangemessene Geltungsdrang sind nicht nur für Betroffene anstrengend, auch für das Umfeld erzeugt dies Stress. Trotz der nach außen getragenen Überheblichkeit bleiben die tiefen Selbstzweifel, denn man weiß um den Betrug. Menschen mit einer abhängigen Persönlichkeitsstruktur versuchen eher, sich zu verstecken, werten die eigenen Leistungen ab und stellen so ihr Licht unter den Scheffel. Millionen Menschen tragen das geheime Programm *Ich genüge nicht* in sich.

Auch viele hochgestellte Wissenschaftler, Politiker und Manager, was sie einerseits zu Höchstleistungen treibt, gleichzeitig aber auch in die Selbstausbeutung, in einen Burn-out, in chronische Unzufriedenheit und leider auch viel zu oft in den narzisstischen Modus. Dies bedeutet, dass sie sich in erster Linie um die Bedeutung und Wichtigkeit ihrer eigenen Person kümmern und weniger um die Sache, für die sie Verantwortung tragen.

Im abhängigen Modus ist das geheime Programm *Ich genüge nicht* auch für viele psychische und körperliche Probleme verantwortlich. Anpassung ist der Versuch, zu genügen. Obwohl oft kein eigentlicher Grund vorhanden ist, fühlen sich Menschen selbstunsicher. *War das richtig? Müsste ich es noch besser machen? Hat der auch verstanden, wie ich es gemeint habe?* Die ständigen Zweifel an den eigenen Leistungen und Verhaltensweisen verursachen Stress. Soziale Ängste sind häufig und führen zu Einschränkungen, etwa bei Veranstaltungen (man traut sich nicht, sich zu Wort zu melden …), und besonders in zwischenmenschlichen Kontakten geht man Konflikten eher aus dem Weg. Wie ein roter Faden zieht sich das Problem durch das Leben, und nur zu oft geht die Stimmung nach unten. Im weiteren Verlauf wird diese Persönlichkeitsstruktur ausführlich beschrieben.

Das geheime Programm *Ich genüge nicht* beeinflusst die Selbstliebe. Man macht sich selbst dafür verantwortlich, dass das, was man auch tut, nicht ausreicht, um sich selbst zu genügen. Dies erzeugt unweigerlich mehr oder weniger starke Wutgefühle, die sich gegen die eigene Person richten. Wenn man Depression tiefer verstehen will, wird man erkennen, dass im Falle der Erkrankung unbewusste, destruktive Energie und Wut am Werke sind, die sich gegen das eigene Ich richten. Die betroffenen Menschen machen sich für ihre negativen inneren Programme selbst verantwortlich. Das ist fatal, weil dieser Irrtum in der Regel zu falschen Problemlösungsstrategien führt. Man versucht, das Problem auf direkte Weise mithilfe von *Gegenprogrammen* zu lösen. Wie sich zeigen wird, sind *Gegenprogramme* jedoch untaugliche Versuche, die inneren Programme zum Schweigen zu bringen.

Die dritte Frage: *Werde ich mit genügend Liebe und Wärme versorgt?*

Die dritte Frage, die ein Mensch mit auf die Welt bringt, lautet: *Werde ich mit genügend Liebe und Wärme versorgt?* Auch hier handelt es sich um ein Urbedürfnis, und an dieser Frage wird deutlich, dass alles zusammenhängt. Ein Kind, das nicht willkommen ist, wird selbstverständlich nicht mit genügend Liebe und Wärme versorgt. Auch ein Kind, das den Eltern nicht genügt, fühlt sich mit Liebe unterversorgt und nicht ausreichend wertgeschätzt. Allerdings ist es möglich, dass ein Kind willkommen war und den Eltern genügt, sie sich jedoch nicht genügend kümmerten bzw. kümmern konnten. Vielleicht blieb ihnen zu wenig Zeit, sie waren abwesend, krank oder einfach nicht in der Lage. Dies wird immer als Mangel an Wertschätzung erlebt; unzählige Menschen laufen hinter Liebe her und versuchen meist mit untauglichen Mitteln, ein inneres Loch, das früh entstanden ist, zu füllen. Das, was Eltern nicht geben konnten, kann später nicht nachgeholt werden. Wenn die Zeit vorüber ist, in der ein Kind ihre Nähe und unbedingte Zuneigung gebraucht hätte, ist die Chance vertan. Viele Partner versuchen vergeblich, das entstandene Defizit auszugleichen. Am Ende bleibt Enttäuschung.

Das entsprechende innere Programm *Ich bin zu kurz gekommen* tragen viele Menschen in sich. Es belastet das Selbstwertgefühl und führt zu zahlreichen Problemen. Nicht nur die Abwesenheit der Eltern kann das innere Programm verursachen, auch Geschwisterrivalität. Ein Kind erlebt oder glaubt, dass Bruder oder Schwester vorgezogen werden, ihnen mehr Anerkennung und Wertschätzung zukommt, während es selbst vermeintlich übersehen wird. Dieser Glaube kann zu einem inneren Stachel werden, der lebenslänglich belastet. Schon früh in der Mythologie taucht dieses Problem bei Kain und Abel auf. Auch wenn ein Kind vergleichbar viel Zuwendung erfährt, ist das eigentliche Problem: *Er/Sie bekommt aber mehr …* Die innere Überzeugung *Ich komme zu kurz* wird sich voraussichtlich wie ein roter Faden durch das Leben ziehen. Dies bedeutet, dass man nicht »satt« wird. Nie ist es genug, nie wird man zufrieden.

Dieses innere Programm findet man vorzugsweise auch bei Menschen, die Verwöhnung erleben mussten, beispielsweise den Kindern sogenannter Helikopter- oder Rasenmäher-Eltern. Eigentlich erleben verwöhnte Menschen ein Übermaß an Zuneigung und materieller Versorgung. Trotzdem bleibt das Gefühl, dass etwas fehlt. Sie werden nicht »satt«, sie glauben, dass sich Zufriedenheit einstellt, wenn sich alle Wünsche erfüllen. Die Erwartung ist, dass alles von außen kommen muss. Zufriedener macht aber eher die eigene Anstrengung. Menschen wollen stolz sein auf ihre Leistung, die ihnen etwas abverlangte. Schon Kinder wollen optimal frustriert werden – nicht zu viel und nicht zu wenig. Dies bedeutet eine liebevolle Heranführung daran, dass nicht alles zu haben ist, dass es Sinn macht, sich für bestimmte Dinge anzustrengen und dass Rückschläge nicht in Resignation führen müssen, sondern Ansporn sein können. Um zu bestehen, braucht man eine gewisse »Hornhaut«, die man nur bekommt, wenn man sich auf die Herausforderungen des Lebens einlässt, auf Ängste zugeht und lernt, mit Niederlagen umzugehen. Erfolge in angemessener Weise feiern zu können, stärkt das Selbstwertgefühl und die Erfahrung von Selbstwirksamkeit und führt dahin, das eigene Potenzial auszuschöpfen.

Menschen, die das innere Programm *Ich bin zu kurz gekommen* in sich tragen, richten den Blick immer dahin, wo es anderen vermeintlich besser geht. Sie schauen dahin, wo ihnen etwas fehlt, nicht darauf, was ihnen alles zur Verfügung steht. Man kann auch sagen, dass ihre Wahrnehmung eingeschränkt ist. Da ihr Fokus nahezu immer auf das Manko gerichtet ist, will sich dauerhafte Zufriedenheit nicht wirklich einstellen; es bleibt ein Hunger nach Zuneigung, Anerkennung, materieller Befriedigung und Erfolg. Es ist wie ein inneres Vakuum, das sich nicht füllen lässt, was man auch versucht. Betroffene leiden und Unzufriedenheit ist ständiger Begleiter, und nur zu oft wird die innere Frustration in die soziale Umgebung projiziert, dies zeigt sich dann z. B. in Form von Wutausbrüchen. Auch wenn sich tatsächlich Wünsche erfüllen, bleibt das Gefühl, dass es nicht reicht, dass man eigentlich mehr verdient hat.

Tiefere Hintergründe für Frust und Ärger

Die Selbstwertanalyse kann die tieferen Hintergründe transparent und verstehbar machen. Die Frage nach destruktiven, inneren Programmen rückt vor allem zwei in den Fokus: *Ich bin zu kurz gekommen* und *Ich genüge nicht.*

Für innere Unzufriedenheit ist vor allem *Ich bin zu kurz gekommen* verantwortlich. Oft wurde dieses Programm in der Geschwisterkonkurrenz entwickelt und sorgte früh für Ärger und Frust. Wie ein roter Faden zieht sich das Grundgefühl zu kurz gekommen zu sein durch das Leben. Auch Verwöhnung kommt als mögliche Ursache infrage. Die Erwartung, dass sich ohne eigenes Zutun die Dinge nach den momentanen Wünschen richten, wurde früh programmiert. Mit etwas Abstand betrachtet ist jetzt zu erkennen, dass dies zu großen Nachteilen führte.

Verstimmung, Unzufriedenheit, Missmut und Ärger machen das Leben schwer und lieblos.

Das zweite Programm, das häufig zum Kontrollverlust führt, ist: *Ich genüge nicht.* Beide Programme sind nicht selten gemeinsam aktiv und ergänzen sich auf negative Weise. Wer Vater oder Mutter schon als Kind nicht genügen konnte, trägt eine Wunde, eine mehr oder weniger tiefe Verletzung in sich, die sich nicht so leicht heilen lässt. Dies ist oft der eigentliche Grund für Groll und Unzufriedenheit. Da es kein Mittel zu geben scheint, das geheime Programm zu löschen, richtet sich die negative Energie gegen die eigene Person.

Der erste Schritt ist ein tieferes Verständnis für die eigene innere Welt und die Öffnung für neue Programme.

Populismus und Selbstwertgefühl

Populisten verstehen es, Menschen zu manipulieren und deren Gefühle zu missbrauchen. Fast immer ist das Selbstwertgefühl die Zielscheibe ihrer Agitationen. Die Botschaft lautet: *Dir geht es schlecht; du kommst zu kurz; wir helfen dir, deine wahre Bedeutung zurückzugewinnen.* Die nächste Botschaft: *Dafür, dass es dir nicht so gut geht, gibt es Schuldige! Zum Beispiel Flüchtlinge, Ausländer, Juden, die etablierten Politiker ... Diese Gruppen sind gefährlich, sie nehmen dir alles fort, sie untergraben die Moral, sie müssen dir Angst machen. Darum gilt es, sie zu bekämpfen!*
Der Hass richtet sich nicht nur gegen die angeblich verachtenswerten Minderheiten, sondern auch gegen demokratische Politiker, die vermeintlich nicht genug gegen diese Gruppen unternehmen. Die Zielscheibe ist das innere Programm *Du bist zu kurz gekommen (Ich bin zu kurz gekommen).* Hier wird suggeriert, dass dies geändert werden kann. Dazu bedarf es radikaler Mittel. Letztlich geht es Populisten nur darum, selbst an die Macht zu kommen und die Demokratie zu zerstören. Wut und Hass lassen sich erzeugen, indem Menschen gegeneinander aufgebracht werden. Man missbraucht ihre Gefühle, um zu spalten. In der Masse verstärken sich Wut und Hass auf beängstigende Weise (siehe Kapitel 6 »Die destruktive Macht der Wut – Hass ist eine Droge«) und sind in den letzten Jahren wieder zu einem unberechenbaren Gespenst geworden. Neid, Gier, Eifersucht und Hass sind zentrale Probleme des Menschen.

Aus den drei Kernfragen, die für die Selbstwertentwicklung so bedeutend sind, bilden sich immer auch weitere, oft negative Programme.

Ich bin ein Verlierer

Wer sich tiefer mit seinen geheimen Programmen beschäftigt, wird die Tendenz, dass sie sich immer wieder neu installieren, erkennen. Menschen lernen nicht unweigerlich aus Fehlern, Irrtümern und Niederlagen. Deutlich zu erkennen ist dies bei Personen, die schon früh als Verlierer bezeichnet wurden. *Du bist ein Loser! Du genügst nicht! Du kannst es nicht! Ich bin enttäuscht von dir.* – Millionen Menschen leiden unter diesen oder ähnlichen Zuweisungen. Hier waren Eltern nicht in der Lage, ihr Kind positiv zu spiegeln, es so anzunehmen, wie es ist, zufrieden zu sein, beispielsweise auch mit weniger optimalen Leistungen. Besonders Eltern mit einer narzisstischen Störung haben oft die Erwartung an ihr Kind, dass es besondere Leistungen erbringt und ihnen so zu Stolz und Anerkennung verhilft. Bei Spielsüchtigen lässt sich immer wieder das geheime Programm *Ich bin ein Verlierer* identifizieren. Wer sich als Verlierer fühlt, den fasziniert besonders die Chance, zu gewinnen. Bei allen Glücksspielen verlieren auf Dauer die »Zocker«. Der Spielsüchtige, der immer hoch verschuldet ist, betritt eine Spielhalle und freut sich, wenn er gewinnt, nicht weil er mit dem Gewinn nach Hause geht, sondern weil er jetzt länger spielen kann. Wenn er die Spielothek verlässt, hat er nichts mehr in der Tasche, ist tief enttäuscht von sich selbst und fühlt sich wie der absolute Verlierer.

Ähnlich ergeht es dem Schwarzen Schaf in der Familie. Es ist unendlich schwer, dieses Stigma zu verlieren.

Weitere destruktive Programme:

- *Ich bin ein Versager.*
- *Ich bin wertlos.*
- *Ich habe immer Pech.*
- *Ich bin immer arm.*
- *Mich will keiner.*
- *Ich kann nichts.*
- *Ich bin schuldig.*

Wenn etwas helfen kann, dann ist es die Veränderung der Haltung zur eigenen Person. Wie wir erkennen konnten, waren es frühe Prägungen, die destruktive geheime Programme wie auf einer Festplatte installierten. Dafür gibt es keine Schuld. Mithilfe der Selbstwertanalyse werden die Defizite im emotionalen Gedächtnis erkannt.

Gegenprogramme

Im System der Selbstwertanalyse spielen sogenannte »Gegenprogramme« eine wichtige Rolle. Unter Gegenprogrammen ist das Bemühen zu verstehen, die destruktiven inneren Programme zum Schweigen zu bringen. Die negativen geheimen Programme lassen leiden: Wer nicht willkommen ist, versucht mit allen Mitteln, dies zu kompensieren. Wer das innere Programm *Ich genüge nicht* in sich trägt, hat ebenfalls das starke Bedürfnis, dies auszugleichen und das Gefühl der Unzulänglichkeit zu beseitigen. Negative innere Programme wollen überwunden werden, sie schreien nach Auflösung. Um dies zu erreichen, werden typische Verhaltensweisen eingesetzt, die das wirkliche Problem jedoch nicht lösen.

> Herr K. fühlte sich von seinem Vater nicht genügend anerkannt. Sein inneres Programm »Ich genüge nicht« zog sich wie ein roter Faden durch sein Leben. Die innere Verletzung versuchte er über Leistung zu kompensieren.
> Herr K. entwickelt enormen Ehrgeiz, will beweisen, dass er gut ist; das führt zu Druck. Mit etwas Abstand betrachtet ist zu erkennen, dass Leistung sein »Gegenprogramm« gegen die innere Not ist. Leistung wird hier schließlich zu einem Suchtmittel: Herr K. arbeitet zunehmend immer mehr, zunächst 10 Stunden, dann immer wieder 12 Stunden, schließlich 14, 16 und 20 Stunden. Er wird regelrecht arbeitssüchtig, was bedeutet, dass er die Kontrolle über sein Arbeitsverhalten verliert, er kann quasi nicht mehr aufhören zu arbeiten. Der »psychische Apparat«, die Psyche wird förmlich überdreht, und Herr K. bricht unter der Belastung zusammen. Er erleidet einen Burnout und ist schließlich nicht mehr in der Lage, zu arbeiten. Er ist tief verzweifelt und das geheime Programm »Ich genüge nicht« hat sich wieder installiert.

Gegenprogramme lösen das Problem nur scheinbar, sie sind untaugliche Versuche, es auf direkte Weise zu lösen. Im Gegenteil, sie zementieren das Problem, es kommt zu einer Verschlimmerung. Es wird sich zeigen, dass auch Gegenprogrammierungen sich nicht so leicht beenden lassen. In vielen Fällen kommt dies einem Kontrollverlust gleich.
Von außen betrachtet ist zu erkennen, dass Leistung hier missbraucht wird, um sich gewissermaßen zu beruhigen. Da der gewünschte Erfolg

sich nicht einstellen will, wird die Anstrengung erhöht. Nach dem Motto *»Ich muss noch besser werden, um das geheime Programm loszuwerden«* wird versucht, die Arbeitsleistung zu erhöhen. Sehr viele Menschen leiden unter der Unfähigkeit, sich ohne Arbeit oder Tätigkeit gut und wertvoll zu fühlen. Sind sie untätig, stellt sich sofort das Gefühl ein, nicht zu genügen. Dies erzeugt Unruhe, die wiederum dazu animiert, aktiv zu werden, in diesem Falle, zu arbeiten.

Leistung ist ein starkes Suchtmittel in der Gesellschaft. Die eigentliche Ursache ist die Angst, nicht zu genügen.

Es gibt durchaus den gesunden Ehrgeiz, den Motor vieler Tätigkeiten. Hinter übertriebenem oder krankhaftem Ehrgeiz jedoch steckt immer das geheime Programm *Ich genüge nicht.*

Im Folgenden werden einige typische Gegenprogramme benannt. Sie alle können zum Selbstläufer werden. Man glaubt jeweils, dass man so sein muss, eine Korrektur ist nur schwer möglich. Wer versucht, das Gegenprogramm zu stoppen, etwa weniger zu leisten, wird unweigerlich mit dem Gefühl, noch weniger zu genügen, konfrontiert. Alle bisherige Anstrengung war umsonst, das darf nicht sein, darum muss möglichst bald der Kampf wieder aufgenommen werden, um weitere Höchstleistungen zu zeigen. Gute Leistungen helfen nur Menschen mit starkem Selbstwertgefühl, weil sie glauben können, dass sie genügen. Wer das geheime Programm *Ich genüge nicht* in sich trägt, befindet sich in bester Gesellschaft. Millionen Menschen tragen es in sich. Dies treibt viele in die Selbstausbeutung, zu übertriebenem Geltungsdrang, zu Betrug und ist nicht selten die eigentliche Ursache für einen krankhaften Narzissmus. Die Angst, nicht zu genügen, ist ein verbreitetes Problem.

Typische Gegenprogramme:

- Die Sucht nach Anerkennung,
- Streben nach Macht,
- Perfektionismus/Putzen,
- Anpassung/Überanpassung,
- Spielen kann zur Spielsucht entarten,
- Helfen wird zu einem Helfersyndrom,
- Alkohol, Drogen/Psychopharmaka,
- Sport, der zum Suchtmittel wird,
- Essen, das zum Suchtmittel wird,
- Schönheitswahn/Magersucht,
- Trotz,
- Konsum.

Früher oder später wird das Gegenprogramm zur Belastung. Da sich trotz aller Mühe das geheime Programm nicht löschen lässt, ist man gezwungen, weiterzurudern, immer weiter. Nicht selten sind hier Kontrollverluste zu beobachten, besonders drastisch im Falle der Alkohol- und Drogensucht, aber auch im Falle der sogenannten nicht stoffgebundenen Süchte, bei denen der Kontrollverlust das Kernmerkmal der Krankheit ist.

Gegenprogramme zementieren die Selbstwertstörung und belasten das Dasein mitunter dramatisch. Wer beispielsweise zwanghaftes Putzen beenden will, spürt, dass es mit seinem Selbstwertgefühl rasch bergab geht. Zu einem neuen, gesunden Selbstwertgefühl gelangt man jedoch nur, wenn man zu kämpfen aufhört. Es lässt sich nicht erarbeiten, nicht erdienen, nicht erkämpfen, nicht operieren, nicht erkaufen, auch nicht durch den Zuwachs persönlicher Macht verbessern. Die Wahrheit ist: Das Selbstwertgefühl *ist schon da!* Jeder hat das Recht, sich willkommen zu fühlen auf dieser Erde, ohne etwas dafür tun zu müssen. Jeder hat das Recht, sich selbst zu genügen, ein positives Grundgefühl für die eigene Person in sich zu tragen, sich selbst zu lieben, zufrieden zu sein mit seinen Fähigkeiten, Talenten und Eigenschaften. Jeder hat das Recht, zufrieden zu sein, mit dem, was er hat. Oder sich das, was fehlt, selbst zu geben; denn viele Menschen sind ja objektiv zu kurz gekommen. Neid ist Dummheit und macht unglücklich.

Neue Programme

»Neue Programme« sind die inneren Gewissheiten, die Menschen mit einem starken Selbstwertgefühl ganz selbstverständlich in sich tragen. Es geht darum, sich mit anderen auf Augenhöhe zu erleben. Alle Menschen sind gleichwertig, das ist eine Binsenweisheit. Das Problem ist, dass viele das nicht glauben können. Wer sein Selbstwertgefühl verbessern will, braucht einen neuen »Glauben«, in Form neuer Programme. Schon Buddha wusste: *»Der Mensch ist das, was er denkt.«* Solange sich nichts an den altbekannten Programmen verändert, bleibt alles so, wie es ist.

Die moderne Hirnforschung der letzten Jahre gibt Anlass zum Optimismus. Die Untersuchungen zeigen die große Flexibilität des Gehirns, das plastisch und lernfähig ist bis ins hohe Alter. Dies bedeutet, dass quasi jeder neue Programme erwerben und ein besseres Leben erarbeiten kann. Die vertrauten Programme werden nicht gelöscht, aber man kann sie, wie bereits gesagt, überschreiben.

Wenn man bisher davon überzeugt war, dass Leistung, Erfolg und Anstrengung das Selbstwertgefühl verbessern, kann jetzt verstanden werden, dass dies dem Selbstwertgefühl nicht wirklich dienlich sein kann, solange destruktive Programme ja alles sabotieren.

Das grundlegende Programm lautet: *Ich bin willkommen.* Es bildet die Basis, auf der sich alles Weitere entwickeln kann. Folgendes Experiment kann jeder leicht selbst machen:

Stellen Sie sich vor einen möglichst großen Spiegel und sagen Sie der Person, die Sie da sehen: *»Du bist willkommen.«* Achten Sie jetzt auf Ihre Gefühle, spüren Sie, dass dies eine Tatsache ist? Oder spüren Sie Widerstand, können Sie den Satz nicht oder nicht so richtig glauben? Wiederholen Sie ihn mehrmals! Wenn der Satz stimmt, bedeutet dies, dass die Basis für das gesunde Selbstwertgefühl vorhanden ist. Wenn der Satz nicht stimmt, gilt es, ein neues Programm zu installieren.

Ich bin willkommen – wie neue Programme installiert werden

Dass das emotionale Gedächtnis sich zunächst weigert, diesen Satz als wahr zu akzeptieren, ist normal. Auch an dieser Stelle kann Amygdala-Klärung helfen. Es ist zu erkennen, dass hier die bisherige Programmierung eine Blockade verursacht. Der nüchterne Verstand kann weiterhelfen, insofern jeder das Recht hat, sich willkommen zu fühlen, auch wenn Eltern dieses Gefühl nicht vermitteln konnten, auch wenn man bisher nie das Gefühl hatte, willkommen zu sein. Als Kind war man auf die Haltung der Eltern angewiesen. Als Erwachsener hat man die Pflicht, sich selbst willkommen zu heißen. Wer sich eventuell seit Jahrzehnten nicht willkommen fühlte, wird Probleme haben, dem neuen Programm zuzustimmen und es zu verinnerlichen. Einer Patientin half die Erkenntnis, dass sie ein Recht auf das neue Programm hat, so wie jeder Mensch das Recht hat, sich auf dieser Erde unbedingt willkommen zu fühlen. Ein glückliches Leben ist möglich, wenn man sich auf dieses neue Programm einlässt und es kontinuierlich immer besser installiert.

Mit neuen Programmen wird »das Schloss ausgetauscht« und die Tür zu einem besseren Leben aufgestoßen.

Doch wie ist es möglich, dass das neue Programm sozusagen in »Fleisch und Blut« übergeht? Jede Wiederholung ist wirksam, auch wenn sie nur gedanklich erfolgt. Das Ziel ist ein fester, neuer Glaube, der bekanntlich Berge versetzen kann.

Das emotionale Gedächtnis wird besonders durch Bilder geprägt. Es ist wissenschaftlich erwiesen, dass es keine große Rolle spielt, ob man die Dinge tatsächlich erlebt oder ob es sich um Fantasiebilder handelt.

Nehmen Sie sich eine Auszeit und visualisieren Sie bewusst, wie Sie angenommen werden, wie Sie in den Arm genommen werden, vielleicht von einer mütterlichen oder väterlichen Person. Wiederholen Sie diese Übung so oft wie möglich!

Die Religionen bieten an sich starke Gestalten wie »Den himmlischen Vater« oder »Die Mutter Maria« an, von denen Gläubige sich angenommen fühlen können. Leider wird hier das Selbstwertgefühl nicht immer gefördert, sondern nicht selten durch das Erzeugen von Ängsten und Abhängigkeiten untergraben.

Damit die neue Programmierung nicht in Vergessenheit gerät, ist es hilfreich, sich überall kleine Zettel aufzuhängen mit der Aufschrift: *Ich bin willkommen.*

Es ist sinnvoll, das neue Programm jeden Abend vor dem Schlafengehen zwanzigmal aufzuschreiben, so kann die neue Programmierung in Ihrem Unbewussten weiterarbeiten. (Sie werden überrascht sein von der Wirksamkeit dieser Methode, sie funktioniert auch, wenn Sie noch nicht wirklich an ein neues Programm glauben können.)

Immer wenn man an das neue Programm denkt, soll dies ein Lächeln aufs Gesicht zaubern. Wenn es mit Gefühl aufgeladen wird, geht es tiefer in die Seele ein.

Damit das neue Programm wirkt, muss es in den Alltag integriert werden. Dies bedeutet, auf die Menschen zu achten, die es gut mit einem meinen, bei denen man willkommen ist. Aufkommendes Misstrauen ist wieder als ein Relikt aus der Kindheit zu betrachten. Es gilt, Vertrauen zu gewinnen. Bisher fand der Blick mit traumwandlerischer Sicherheit das Negative. Doch niemand ist bei allen beliebt, und Zurückweisungen verlieren auf diese Weise zunehmend an Bedeutung.

Das neue Programm wird mutiger machen. Wenn es darum geht, mit anderen in Kontakt zu treten, wird man sich zunehmend auf Augenhöhe fühlen.

Wenn die bekannten Zweifel doch wieder in den Vordergrund geraten, sollte möglichst sofort ein »Stopp« erfolgen. Das frühere Programm lässt sich ja, wie bereits gesagt, nicht tatsächlich löschen, nur überschreiben. Mit Amygdala-Klärung verliert das emotionale Gedächtnis, sobald man sich wieder auf das Neue konzentriert, seine Bedeutung.

Ein neues Programm zu installieren ist eine Daueraufgabe, letztlich wird man nicht fertig. Mitunter hören Betroffene auf, mit dem neuen Programm zu arbeiten, weil sich das alte Muster wieder meldet. Sie haben nicht verstanden, dass dies normal ist und nicht Resignation, sondern Initiativen, das alte Muster zu überschreiben, jetzt gefragt sind. Ein neues Programm zu installieren, soll eine erfreuliche Tätigkeit sein, nach dem Motto: *»Ich bin stärker als die altbekannten Programmierungen, an dieser Stelle soll mein emotionales Gedächtnis keine Macht mehr über mich haben.«*

Wer etwas erreichen will, braucht Motivation, der wichtigste Motor für unser Handeln. Diese Motivation kann durch rückfälliges Verhalten leicht gestört werden. Der Glaube an das neue Programm geht so leicht verloren – nach dem Motto: *»Obwohl ich mich bemüht habe, wurde ich wieder rückfällig.«* Dabei sind Motivation und die neue Überzeugung die Voraussetzung für eine erfolgreiche Umstrukturierung des Selbstwertgefühls. Das neue Programm wird dann zur Gewissheit, man spürt, dass es stimmt. Dafür gilt es sensibel zu werden. Die Motivation, sich mit Energie einem neuen Programm zuzuwenden, speist sich auch aus der Erkenntnis, dass die frühere Programmierung zu starken Nachteilen und zu Leid führte. Der Preis war hoch und so ergibt es Sinn, mit Entschlossenheit an einem neuen Programm zu arbeiten.

Neben dem neuen Programm *Ich bin willkommen* ist ein weiteres Programm von höchster Bedeutung.

Ich genüge immer / ich genüge mir immer

Die Frage, ob ein Kind genügt, stellt sich schon im ersten Lebensjahr. Wer die Programmierung *Ich genüge nicht* früh erwerben musste, benötigt ein neues Programm, nach dem Motto: *»Ich bin okay, so wie ich bin, genüge ich immer. Ich genüge auch, wenn ich Fehler mache, wenn ich etwas nicht weiß, wenn ich Erfolg habe, wenn andere besser sind …«*

Wer nicht willkommen war, konnte mit Sicherheit auch nicht genügen. Selbst wenn er etwas Besonderes leistete, konnte er deswegen meist keine Wertschätzung erfahren. Frühe Ablehnung führt in aller Regel zu einer ganzen Reihe unterschiedlicher destruktiver innerer Programme.

Bei der Diagnose kann die Spiegelübung wieder hilfreich sein. Sagen Sie Ihrem Spiegelbild *Ich genüge immer.* Was spüren Sie, können Sie dies wirklich bejahen? Wiederholen Sie die Aussage und spüren Sie Ihr emotionales Gedächtnis. Für viele ist die Vorstellung, immer zu genügen, völlig abwegig. Hier kann der logische, nüchterne Verstand helfen: Wem soll man glauben, dem emotionalen Gedächtnis? Jeder hat das Recht, sich in Ordnung zu fühlen, so wie er ist. *Es reicht, wenn man sich bemüht.* Auch hier gilt es, sich von der Berechtigung des neuen Programms zu überzeugen. Eine Patientin behauptete, dass das nie geschehen werde, dieses neue Programm sei für sie völlig falsch. Sie bekam den Auftrag, sich täglich hundertmal zu sagen *Ich genüge überhaupt nicht.* Schon am nächsten Tag wollte sie sich lieber mit dem neuen Programm anfreunden. Manchmal ist es in Ordnung, wenn man sich schrittweise annähert. Auch hier gilt, dieses neue Programm als neue Wahrheit in die Seele zu integrieren. Die weiter oben beschriebenen Hinweise lassen sich auch in diesem Fall anwenden.

Der wichtigste Schritt ist der in die Unabhängigkeit. Damit ist gemeint, sich nicht mehr von der Ansicht anderer abhängig zu machen. Viel zu viele nehmen die Meinung anderer wichtiger als die eigene. Sie versuchen etwa, es allen recht zu machen, nehmen Nachteile in Kauf, weil sie sich nicht angemessen wehren. Oft sind sie Konfliktvermeider und gehen lieber den »unteren Weg«. Da sie wenig Übung darin haben, ihre Rechte wahrzunehmen, wissen sie eventuell nicht, wie dies geht. Das neue Programm kann Entschlossenheit fördern und mutiger machen.

Ein unabhängiges Selbstwertgefühl

Völlige Unabhängigkeit kann es nicht geben und sollte auch nicht das Ziel sein. Jeder wird von seinen Mitmenschen »gespiegelt«, das heißt, er spürt, wie er bei anderen ankommt, wie sein Verhalten bewertet wird. Wir brauchen dieses Korrektiv, das uns veranlasst, bewusst und achtsam mit uns umzugehen. Die Frage ist aber, wie abhängig sind wir von der Bewertung anderer? Das Spektrum reicht hier von extrem abhängig bis relativ unabhängig. Entscheidend sind die geheimen Programme, die das Selbstwertgefühl steuern. Besonders Menschen mit der geheimen Programmierung *Ich genüge nicht* machen sich oft von der Bewertung anderer abhängig. Ihre Aufmerksamkeit richtet sich hauptsächlich darauf, wie sie von anderen gesehen werden. Auch ihr Handeln wird davon bestimmt, was sie tun können, um anderen zu gefallen. Sie können schlecht Nein sagen, wenn Erwartungen an sie gerichtet werden.

Menschen mit einem unabhängigen Selbstwertgefühl verfügen über eine gewisse Ich-Stärke. Sie finden die Maßstäbe für ihr Verhalten in sich selbst. Sie hören, was andere sagen, bilden sich jedoch eine eigene Meinung. Sie lassen sich nicht so leicht irritieren und können der allgemeinen Meinungsströmung auch mal etwas entgegensetzen. Sie geben anderen recht, wo sie recht haben. Sie tragen das innere Programm *Ich genüge immer* in sich. Auch Fehler zu machen gehört zu ihrem alltäglichen Leben. Sie werten sich selbst nicht ab, sondern sehen bei sich und anderen das Positive. Die Grundhaltung lautet: *Hauptsache, ich bin mit dem zufrieden, was ich mache. Wenn andere das gut finden, freue ich mich, wenn nicht, kann man auch nichts daran machen.* Sie können sich selbst loben und sind daher nicht so sehr auf Lob und Anerkennung durch andere angewiesen.

Weitere positive innere Programme:

- *Ich bin gleichwertig und ich nehme meine Rechte wahr.*
- *Ich gehe auf meine Ängste zu.*
- *Ich lobe mich selbst, wenn ich es verdient habe.*
- *Ich sage meine Meinung.*
- *Ich wehre mich gegen Manipulation.*

Menschen mit dem inneren Programm *Ich genüge nicht* richten den Blick fast automatisch dahin, wo sie vermeintlich nicht genügen. Das Problem ist, dass sie dieses Verhalten selbst nicht wahrnehmen, für sie ist es normal, so zu denken, und daher leiden sie unter Selbstzweifeln und Selbstunsicherheit. Viele soziale Ängste haben hier ihre Wurzeln: die Angst vor Autoritäten, nicht genügend intelligent zu sein, die Angst im Bekanntenkreis nicht zu genügen, die Angst, dass das äußere Erscheinungsbild nicht gut genug ist … In vielen Bereichen fehlt den Betreffenden Gelassenheit. Das neue Programm will in Fleisch und Blut übergehen. Dazu ist es erforderlich, dass es gelebt wird. Man sieht sich auf Augenhöhe mit anderen und geht auf die Ängste zu. Nur auf diese Weise wird man sie los! Das Grundmotto in der Therapie kann nicht oft genug betont werden: *Wo die Angst ist, ist der Weg.*

Auffällig ist die leichte Kränkbarkeit. Die innere Wunde, die während der Kindheit entstand, ist immer noch offen, sodass Zurückweisungen, Verletzungen und Kränkungen viel tiefer gehen, auch wenn dies nicht gezeigt wird. Auch hier ist der Versuch lohnend, im Falle einer Kränkung das emotionale Gedächtnis zu reflektieren, die Frage zu stellen, warum bin ich so gekränkt? Spielt mir die Amygdala wieder einen Streich? Ist es wieder mein wunder Punkt? Ich genüge immer, auch wenn ich kritisiert werde! Es ist nicht so wichtig, wenn andere keine Anerkennung geben können, wenn man es versteht, sich diese selbst zu geben. Schon Kindern wurde beigebracht, dass »Eigenlob stinkt«. Vielen wurde mit diesem Satz ein schlechtes Gewissen gemacht, wenn sie sich selbst für gute Leistungen lobten. Dabei ist Lebensglück nur möglich, wenn man die eigenen Leistungen wichtig nimmt und wenn man sich selber loben kann und mit dem Machbaren zufrieden ist. Nur das Lob, das man sich selbst gibt, verhilft zu Unabhängigkeit.

Besonders Frauen, aber auch Männer machen ihr Selbstwertgefühl von ihrem Äußeren abhängig. Selbstverständlich ist es in Ordnung, wenn ein Mensch sich pflegt, jedoch ist jede Übertreibung verdächtig. Für Kosmetika werden jährlich 150 Milliarden ausgegeben. *Ich muss »teurer« und besser aussehen als du*, ein untrüglicher Beweis dafür, dass das innere Programm *Ich genüge nicht* existiert. Dabei wirken solche Einstellungen ansteckend, weil jeder glaubt, mithalten bzw. noch besser sein zu müssen. Wenn das Selbstwertgefühl stimmt, ist beispielsweise die Kleidung nicht unwichtig, aber weniger wichtig.

!

Da sich das Grundgefühl, zu genügen, durch nichts erarbeiten lässt, alle Anstrengungen umsonst waren, wächst eine tiefe Verzweiflung. Man macht sich selbst für das innere Programm verantwortlich. Dies bedeutet, dass sich Wut und Ärger gegen die eigene Person richten. Auch hier ist ein Kontrollverlust zu beobachten, man kann mit Selbstzweifeln und Selbstabwertungen nicht aufhören, so wird Selbstliebe nachhaltig blockiert. Das Drama führt dazu, dass der innere Frust unendlich oft sozusagen weitergegeben wird. Man sucht und findet Opfer, die an der eigenen Verstimmung schuld sind. Da die eigentlichen Ursachen nicht erkannt werden, schaukeln sich Konflikte leicht hoch.

Herr Z. ist im mittleren Management einer großen Firma tätig. Gleich nach dem Aufwachen fühlt er sich schlecht. Ängste beschleichen ihn. Bei der Selbstreflexion wird ihm klar, dass es wieder seine Selbstzweifel sind, die Ängste verursachen. Er hat Angst, nicht zu genügen. Eines seiner geheimen Programme hat sich wieder gemeldet. Mithilfe von »Amygdala-Klärung« versteht er die Reaktion seines emotionalen Gehirns. Er wendet sich dem neuen Programm »Ich genüge immer« zu, atmet tief ein und findet zu der Gewissheit, dass er die Ängste nicht ernst nehmen muss. Gestärkt und optimistisch geht er in den neuen Tag.

Die konstruktive Bewältigung von Ängsten stabilisiert das Selbstwertgefühl. Die Erwartung, dass sich geheime Programme nicht mehr melden, ist unrealistisch. Werden sie immer wieder klug überwunden, wird ihr Auftreten jedoch weniger häufig.

In mir ist alles, was ich brauche

Die Antwort auf das geheime Programm *Ich bin zu kurz gekommen* lautet: *In mir ist alles, was ich brauche.* Wir haben gesehen, dass Neid und Eifersucht das Selbstwertgefühl belasten. Viele glauben, zu kurz gekommen zu sein und die Klage darüber belastet das Leben. Tatsache ist, dass viele Menschen aufgrund ihrer Herkunft, ihres Äußeren, ihrer Hautfarbe, ihrer sozialen Situation usw. benachteiligt wurden oder werden. Die Vergangenheit lässt sich nicht ändern, daher bleibt die Frage, was man im Hier und Jetzt ändern kann. Die Antwort ist das neue Programm *In mir ist alles, was ich brauche.* Zufriedenheit kommt nur von innen. Nicht durch Konsum, nicht durch Erfolg, nicht durch Macht und nicht durch Geld; denn man kann sie nicht kaufen. Es gilt, den Blick nach innen zu richten, auf den inneren Reichtum, der in jedem Menschen zu finden ist. Wenn die inneren Werte an Bedeutung gewinnen, zählen die Fähigkeiten, die Selbst- und Nächstenliebe ermöglichen. Dazu gehört, die eigenen Talente anzuerkennen, das, was man im Leben erreicht und erarbeitet hat, zu würdigen; die Fähigkeit, sich mit anderen Menschen auf Augenhöhe zu fühlen, echtes Mitgefühl zu haben und lieben zu können; Not zu erkennen und möglichst zu helfen, verlässlich und aufrichtig zu sein. Es gehört aber auch dazu, sein Licht, ohne zu übertreiben, nicht unter den Scheffel zu stellen.

Die Liste neuer Programme lässt sich fortschreiben. Jeder/jede findet selbst die brauchbaren für die eigene Persönlichkeit:

- *Ich bin wertvoll, alle Menschen sind wertvoll.*
- *Ich bin eine liebenswerte Frau / ein liebenswerter Mann.*
- *Ich bin ein Gewinner / eine Gewinnerin.*
- *Ich habe ein Recht auf meinen Ärger.*
- *Ich bin gleichwertig.*
- *Ich bin nicht zuständig.*
- *Ich nehme mich wichtig.*
- *Ich bin frei (von Schuld).*

- *Ich habe ein Recht auf meine Meinung.*
- *Ich brauche nichts zu tun, um geliebt zu werden.*
- *Ich habe Zuneigung verdient.*

!

Positive Botschaften
Bei der Konstruktion neuer Programme ist darauf zu achten, dass sie strikt positiv formuliert sind. Aus *Ich bin nicht willkommen* wird: *Ich bin willkommen.* Aus *Ich genüge nicht* wird: *Ich genüge immer.*

Daher nicht: *Ich bin nicht schuldig*, denn da das Unbewusste keine verneinenden Formulierungen versteht, hört es sonst nur »schuldig«. Besser: *Ich bin frei (von Schuld).* Andernfalls wird die Aufmerksamkeit des Unbewussten gerade auf den zu verändernden Gedanken gelenkt – wie in dem Beispiel von dem Zen-Schüler und dem »Baum voller Affen« in seinem Kopf.

Wer neue innere Programme lebt, wird zum Gewinner. Es gibt kaum etwas Wichtigeres, denn die destruktiven führen zu Leid, Krankheit und Unglück. Wer sich grundsätzlich als Verlierer fühlt, muss dies auch mit großer Sicherheit werden. Manchmal müssen die Dinge auf den Kopf gestellt werden, damit sie sich zum Positiven wenden. Auf den ersten Blick erscheint es unmöglich, daran zu glauben, dass man Gewinner sein kann, wenn das Leben bisher etwas anderes vermittelte. Die Kunst besteht jetzt darin, den Blick dahin zu richten, wo das Positive ist. Was gelingt? Was ist schon erreicht? Wo ist man bereits Gewinner? Wenn es nichts Positives gäbe, hätte man nicht überlebt – das Überleben allein ist, in jeder Hinsicht, schon ein Gewinn: Man hat es schließlich bis hierhin geschafft. Allmählich wird es Zeit, das Unvollkommene, das Unfertige und das Fehlerhafte als normal und als ausreichend anzusehen.

Glück ist ein flüchtiges Gefühl, niemand ist dauerhaft glücklich. Positive Programme sind jedoch die Voraussetzung dafür, dass Glück immer wieder im Hier und Jetzt den Weg zu uns findet.

Neid und Eifersucht sind häufig der Hintergrund für Kontrollverluste über Wut und Ärger. Auch viele Grübelzwänge haben hier ihre Wurzeln.

Resilienz
Tatsächlich gibt es Menschen, die trotz äußerst negativer Bedingungen ein erstaunlich stabiles Selbstwertgefühl entwickeln konnten und ihr Leben erfolgreich gestalten. Man nennt sie resilient, weil ihnen die mie-

sen Bedingungen kaum etwas anhaben können. Wenn man ihre Vergangenheit durchleuchtet, ist die Frage, wie sie zu positiven, inneren Programmen gelangen konnten. (Die muss es geben, sonst wären sie nicht erfolgreich.) Fast immer ist zu erkennen, dass sie Personen hatten, die an sie glaubten, Lehrer, Großeltern, ältere Geschwister u. Ä. Man hört dann Sätze wie: »Meine Eltern konnten mir nichts geben, aber XY hat an mich geglaubt und hat mir geholfen …«

Neues Verhalten

Neue Programme fordern zu neuem Verhalten heraus. Ohne dass sich auch auf dieser Ebene etwas zum Positiven verändert, sind neue Programme wirkungslos. Ein neues Selbstbewusstsein lässt mutiger werden. Nur wer sich willkommen fühlt auf dieser Welt, kann sich selbst verwirklichen. Wer das neue Programm *Ich genüge immer* und *Ich bin gleichwertig* für sich entdeckt hat, wird sein Licht nicht mehr unter den Scheffel stellen. In besonderer Weise betrifft dies Menschen, die sich zuvor gehemmt und schüchtern gefühlt haben. *Soll ich etwas sagen?* – Eine Frage, die sich mancher in seinem Inneren stellt, wird jetzt in der Regel mit Ja beantwortet. Auch wenn die eigene Meinung nicht von anderen geteilt wird, ist es wichtig, sich beteiligt zu haben. Neue Programme führen zu mehr Zufriedenheit und Glück. Sich gleichberechtigt zu fühlen als selbstverständliche Empfindung ist die Basis für den Abbau sozialer Ängste. Durch die Übung festigt sich das neue Verhalten, weil es sich verstärkt.

Die eigene Amygdala kennenlernen

Besonders wenn es darum geht, Kontrollverlusten über die eigenen Emotionen vorzubeugen, ist Wissen um die Reaktionen der Amygdala wichtig:

> Herr K. weiß, dass er sich leicht in Ärgergefühle hineinsteigert, mit der Folge, dass er unsachlich und übertrieben reagiert. Mit Achtsamkeit begegnet er möglichen Auslösern.

> Frau L. weiß, dass sie besser erst gar nicht mit grüblerischen Gedanken beginnt, weil sie sie nicht mehr loswird. Sie wendet sich sinnvollen Aufgaben zu.

Herr S. weiß, dass ihn Ängste befallen, wenn er an die bevorstehende Prüfung denkt. Er beruhigt sich damit, dass er immer genügt, auch wenn er Fehler macht.

Frau P. leidet unter innerer Unruhe. Nie ist sie mit sich zufrieden. Insbesondere ihr Bemühen, alles sauber zu machen, ist übertrieben. Nachdem sie sich mit Amygdala-Klärung befasst hat, stellt sie sich immer wieder die Frage, ob sie bei ihrem Reinigungsverhalten übertreibt. Sie erkennt, dass sie stärker auf ihren Neokortex achten sollte. Ihre psychosomatischen Beschwerden wie Migräne, Rückenschmerzen und Darmbeschwerden weisen auf die selbst auferlegte Überbelastung hin. Sie legt Pausen ein und arbeitet daran, sich selbst mehr zu genügen. Sie erkennt, dass soziale Kontakte ihr früher guttaten. So tritt sie einem Chor bei und verabredet sich mit Freundinnen.

Es ist unvermeidlich, dass sich geheime Programmierungen immer wieder melden. Entscheidend ist, dass man sie kennt und sich ihnen nicht ausgeliefert fühlt. Mithilfe von Amygdala-Klärung lässt sich das Bewusstsein »anheben«. Die geheimen Programme sind im emotionalen Gedächtnis abgelegt. Der Neokortex hat die Aufgabe, das neue Programm in den Vordergrund zu bringen.

!

Hinweis zum praktischen Umgang mit der Selbstwertanalyse
Für die praktische Arbeit mit der Selbstwertanalyse empfehle ich immer die schriftliche Aufzeichnung. Am besten nehmen Sie ein DIN-A4-Blatt quer und unterteilen es in vier Spalten. Die Selbstwertanalyse beginnt immer mit der Suche nach den destruktiven Programmen. Die *geheimen Programme* werden in die erste Spalte eingetragen. Im nächsten Schritt werden die typischen Gegenprogramme gesucht und in die zweite Spalte eingetragen. Im dritten Schritt werden aus den geheimen Programmen die *neuen Programme* abgeleitet und in die dritte Spalte geschrieben. Die vierte Spalte ist für die Beschreibung des neuen Verhaltens bestimmt.

Ausführliche Selbstwertanalysen finden sich am Ende der Beschreibung einer Persönlichkeitsstruktur im nächsten Kapitel. Sie dienen als Vorlage dafür, eine persönliche Selbstwertanalyse zu verfassen. Die meisten Menschen tragen Merkmale verschiedener Persönlichkeitstypen in sich. Suchen Sie sich die Programme heraus, die auf Sie zutreffen.

8. Kontrollverlust und Persönlichkeit

Menschen sind individuell und unterschiedlich, und jeder hat spezifische Persönlichkeitsmerkmale. In der klinischen Psychologie werden verschiedene Persönlichkeitsstrukturen unterschieden. Bestimmte Persönlichkeitstypen erleben häufiger Kontrollverluste als andere. Daher erscheint es sinnvoll, diese genauer zu untersuchen. Wenn man auch bestimmte Persönlichkeitstypen beschreiben kann, treten sie nur selten in einer reinen Form auf. Nahezu jeder trägt Merkmale verschiedener Persönlichkeitsstrukturen in sich. Die Mischung also ist der Normalfall. In der Regel dominieren bestimmte Charaktereigenschaften, etwa das Zwanghafte, das Depressive[12], das Hysterische, das Narzisstische. Im Folgenden wird der Fokus insbesondere darauf gerichtet, wie es zu typischen Kontrollverlusten bei den unterschiedlichen Persönlichkeiten kommt und wie sie sich auswirken.

Die Borderline-Persönlichkeit[13]

Das einzig Stabile bei Borderline ist das Instabile. Kontrollverluste kommen vergleichsweise extrem häufig vor. Bei der Persönlichkeitsstörung handelt es sich um eine sogenannte Frühstörung. Dies bedeutet, dass die Ursachen aus tiefenpsychologischer Sicht während der frühen Kindheit zu suchen sind. Eine ausführliche Behandlung würde den Rahmen des Buches sprengen, der Fokus wird hier auf den Kontrollverlust gelenkt. Das zentrale Problem ist mangelndes Urvertrauen. Betroffenen fehlt der sichere Glaube, dass sie erwünscht und willkommen sind. Auch wenn sie Zuneigung erleben, können sie diese nicht integrieren und daraus Positives für sich selbst ableiten. Dieser Vorgang lässt sich so verstehen: Vor dem Hintergrund, dass früh schon ein Mangel an Liebe und Wärme vorhanden war, existiert in Menschen mit einem Borderline-Syndrom ein großer Hunger nach Zuneigung. Sie verfügen über große manipulative Fähigkeiten, sodass es ihnen meist gelingt, Liebesgefühle in einem Gegenüber zu erzeugen. Da sie diese wiederum nicht integrieren können, wächst die Verzweiflung, da sie dem vermeintlichen Ziel nie näher kommen können. Die Folge ist zerstörerische Energie, die ins Chaos führt.

Die meisten Borderline-Patienten leiden unter Impulsstörungen. Dies bedeutet, dass Wut und Hassgefühle plötzlich, oft völlig unerwartet herausbrechen. Ruhe, Untätigkeit und Stille werden schlecht ertragen. Sie leiden unter innerer Unruhe, die leicht zerstörerisch werden kann, wenn sie in starke Wutgefühle umschlägt. Mit Kontrollverlusten ist also jederzeit zu rechnen. Dies macht das Leben nicht nur für Betroffene unsicher, sondern auch für alle, die mit ihnen zusammenleben. Gerade war alles noch ruhig und friedlich, plötzlich entstehen Streit und Chaos. Typischerweise haben Borderline-Patienten ein großes Bedürfnis nach Nähe und Zuneigung. Wird die in einer Beziehung hergestellt, schlägt die Stimmung um, da die große Nähe nicht ertragen wird. Betroffene sorgen jetzt mit aggressiver Energie für Distanz. Dies führt sie jedoch in die Verlassenheitsdepression mit der Folge, dass sie mit aller Macht versuchen, wieder Nähe in der Beziehung herzustellen. Dieser Modus pflegt sich ständig zu wiederholen. In Beziehungen ist also das einzig Stabile das Instabile.

Nicht wenige Borderliner tendieren zu selbstverletzendem Verhalten: Sei es, dass sie »schnippeln« (mit Rasierklinge, Messer oder Glasscherbe etc. die Haut ritzen), kratzen oder etwa mit der Faust gegen die Wand schlagen usw. Mit etwas Abstand betrachtet ist zu erkennen, dass sie durch diese Verhaltensweisen eine gewisse Erleichterung suchen. Natürlich lassen sich auf diese Weise innere Unruhe und Selbsthass nicht beseitigen, was das eigentliche Ziel der Betroffenen ist. Im Gegenteil, nach dem Schnippeln sind Wut und Verzweiflung über sich selbst noch größer. Im Zwang, sich selbst zu verletzen, ist ein Kontrollverlust zu erkennen. Die Behandlung der schweren Störung ist schwierig und dauert mehrere Jahre.

Eine Methode, direkt auf die destruktiven Verhaltensweisen Einfluss zu nehmen, ist die Arbeit mit sogenannten »Skills«. Ein Verfahren, das von Marsha M. Linehan entwickelt wurde. Sie entwarf ein »Skilltraining«, das Borderlinern Mittel zur Verfügung stellt, schwer zu ertragende Stimmungen wie Leeregefühle, aggressive oder depressive Impulse besser zu ertragen. Anstelle der selbstverletzenden Verhaltensweise werden bessere »Skills« (Problemlösungen) installiert. Es ist richtiger, in eine scharfe Peperoni zu beißen, als die Haut aufzuritzen. Die Möglichkeiten unschädlicher Reize sind vielfältig, wenn man sich darauf einlässt: Die Selbstmassage mit einem Igelball, ein paar Tropfen Tabascosoße auf die

Zunge, heißes und kaltes Duschen, ein Duftöl benutzen, laut lachen – alles, was die Chemie im Körper rasch verändert, ist geeignet. Jeder kann für sich selbst kreative »Skills« suchen und finden.

Diese Methode ist von großer Bedeutung für jeden, der spontane Kontrollverluste zu befürchten hat. Sei es, dass die Kontrolle über Wut- und *Ärgergefühle* leicht verloren geht, und man aber nicht so schnell und überschießend reagieren will. Auch lästige Gedanken, traurige Gefühle und Sorgen, die man beiseitelegen will, können mit »Skills« eine Behandlung erfahren. Dieses Verfahren gehört zum klugen Umgang mit Gefühlen.

Das Leben eines Borderliners verläuft exzessiv. Alles wird mit extremer Energie und hemmungslos betrieben: Arbeiten, Sport, Sex, Beziehung … Dabei scheint es nur Schwarz oder Weiß, alles oder nichts zu geben, es fehlen die Zwischentöne. Besonders bei Wut zeigen sich Kontrollverluste, die auch selbstzerstörerisch werden können bzw. anderen schaden und Beziehungen dauerhaft belasten.

Mithilfe der Selbstwertanalyse wird der Kern des Problems angegangen. Nichts hilft Borderlinern so sehr wie die Bearbeitung ihrer Selbstwertstörung. Das starke Misstrauen ist die Folge des inneren Programms *Ich bin nicht willkommen.* Sie können nicht glauben, dass es echte Zuneigung für sie gibt. Dies gilt es zu verstehen und zu bearbeiten. Die Arbeit mit neuen Programmen wirkt beruhigend und stabilisiert die Psyche.

Herr K. wurde adoptiert; es gelang ihm jedoch nicht, der neuen Situation vollends zu vertrauen. Dies wurde für die Familie zu solch einer Belastung, dass es zur Scheidung der Adoptiveltern kam. Immer wieder war es ihm gelungen, einen Keil zwischen die Eltern zu treiben. Als er sich während einer stationären Therapie mit seiner Selbstwertanalyse auseinandersetzte, wurde ihm das zerstörerische Verhalten bewusst. Er lud den Adoptivvater zu einem Gespräch ein und bat ihn erstmals um Verzeihung. Ausführlich sprachen beide über Herrn K.s Unfähigkeit, die Zuneigung seiner Adoptiveltern zu integrieren.

Für Borderliner ist es wichtig, dass sie die Verantwortung für ihr oft bizarres Verhalten übernehmen. Tun sie dies nicht, kann es keine Veränderung zum Besseren geben.

> **!** *Typische Fehlreaktionen des emotionalen Gehirns:*
> Plötzlich einschießende Wut oder Angst; innere Unruhe; Angst vor Ablehnung; bei Nähe und Enge in Beziehungen Wut; Misstrauen, da Zurückweisungen befürchtet werden, daher Wut als Schutz vor Verletzung.

Eine typische Selbstwertanalyse bei Borderline

Geheime Programme	Gegenprogramme	Neue Programme	Neues Verhalten
Ich bin nicht willkommen	Exzessive Leistung, exzessives Verhalten wie Geldausgeben	*Ich bin willkommen; Ich bin wertvoll*	Vertrauen lernen; Ich sorge für Struktur
Ich genüge nicht	Flucht in die Depression; exzessives Verhalten (Drama, Vorwürfe); Chaos herstellen, Streit	*Ich genüge immer; Ich nehme mich selbst an*	
Ich bin der letzte Dreck; Ich bin wertlos	Trotz; andere gegen sich aufbringen	*Ich übernehme Verantwortung*	Ich arbeite mit Skills
Ich will Kind bleiben; Ich bin nicht satt geworden	Riskantes, rücksichtsloses Verhalten	*In mir ist alles, was ich brauche*	
Ich bin nicht normal	Schwarz-weiß-Denken	*Ich bin normal*	
Ich bin ausgeliefert; Die Welt ist unsicher	Alkohol, Drogen, Hass; Selbstverletzung, Schnippeln, Zerstören; mit Suizid drohen; süchtige Beziehungen	*Ich verzichte auf Trotz, Chaos, Sex als Droge, exzessives Verhalten und Selbstzerstörung*	

Die narzisstische Persönlichkeit[14]

Ohne Leistung zuvorkommend bedient werden wollen, ist die typische Haltung von Personen mit einer narzisstischen Persönlichkeit. Sie legen ein selbstverliebtes, manchmal rücksichtsloses und machtbesessenes Verhalten an den Tag. Als kleine Kinder mussten diese Menschen um die Liebe und Anerkennung von Mutter oder Vater kämpfen. Dafür war es notwendig, die eigenen Gefühle zu opfern. Vor allem die »weichen« Gefühle wie Angst und Trauer wurden blockiert. Das zentrale Problem war, dass sie immer etwas Besonderes sein sollten, aber nie genügen konnten. Die Anforderung war, immer noch besser werden zu müssen.

Diese Menschen wirken meist merkwürdig unecht, da sie stets eine Rolle spielen. Sich selbst und anderen wird ihre übertriebene Bedeutung und Wichtigkeit demonstriert. In der Fachsprache ist daher die Rede vom *falschen Selbst*. Für viele Menschen mit einer narzisstischen Störung ist das geheime Programm *Du genügst nicht* ein mächtiger Antreiber, der sie mit allen möglichen Mitteln dazu bringt, die erlittene Kränkung wettmachen zu wollen. Insbesondere wollen sie über Leistung Anerkennung und Bewunderung erreichen. Dabei sind sie nicht in der Lage, Erfolge zu genießen. Wie durch ein Sieb fallen Wertschätzung und Lob, da man nicht glauben kann, dass man genügt.

Dominant ist auch das innere Programm *Ich bin zu kurz gekommen.* Die innere Verzweiflung ist extrem. Nichts kann satt und zufrieden machen, und so ist auch Neid ein starkes Gefühl (das meist nicht gezeigt wird), das sich nicht so ohne Weiteres abstellen lässt (Kontrollverlust). Tief in ihrem Innern zweifeln die Betreffenden jedoch daran, dass sie liebenswürdig sind, da sie nicht glauben können, dass geschenkte Zuneigung wirklich ihnen gilt. Dies bedeutet, dass sie diese nicht bewahren können. So bedarf es immer neuer Anstrengungen, ohne jedoch das Ziel zu erreichen.

Nach außen wirken diese Menschen oft stark kontrolliert, diszipliniert und perfekt, da sie schon früh lernen mussten, sich anzupassen und erwünschtes Verhalten zu zeigen. Hinter einer perfekten Fassade verbirgt sich jedoch ein brüchiges Selbst, des Öfteren auch ein starkes Konkurrenzverhalten. Das Selbstwertgefühl ist tief gestört. Besonders Kränkungen wirken extrem und werden schlecht ertragen. Wutanfälle mit Kontrollverlust sind hier nicht selten.

Schließlich richten diese Menschen Groll und Wut gegen die eigene Person. Damit befinden sie sich in einem Teufelskreis, der Selbstliebe nachhaltig sabotiert. Wie bereits erwähnt findet auch in diesen Gefühlsbereichen ein Kontrollverlust statt. Statt Trauer und Schmerz werden Wut und Ärger gezeigt. Auch Angst wird meist durch starke Wut bewältigt. Die weiter oben beschriebene Grollsucht ist der ständige Begleiter vieler Betroffener.

Narzisstisch strukturierte Familien machen nach außen häufig einen perfekten Eindruck, tatsächlich ist das Klima hier jedoch kalt und abweisend.

> *Typische Fehlreaktionen des emotionalen Gehirns:*
> Große Wut und Verzweiflung im Falle einer Kränkung; Selbstzweifel; Angst, nicht zu genügen; Neid; Selbsthass; Unzufriedenheit; Groll.

Eine typische Selbstwertanalyse bei einer narzisstischen Persönlichkeit

Geheime Programme	**Gegenprogramme**	**Neue Programme**	**Neues Verhalten**
Ich genüge nicht	Leistung, Neid	*Ich genüge immer*	Ich spreche über meine Trauer
Ich bin wertlos	Einschüchterung; innerer Groll, Unzufriedenheit	*Ich genüge immer; Ich bin wertvoll*	
Ich bin ein Verlierer	Streben nach Anerkennung	*Ich darf mir helfen lassen*	Ich begreife Kritik als Chance
Ich muss etwas Besonderes sein; Ich muss alles alleine schaffen	Streben nach Macht; Rücksichtslosigkeit; Maske, Arroganz	*Ich bin gleichwertig; In mir ist alles, was ich brauche*	Ich suche Hilfe; Ich lasse Trost zu; Ich zeige Dankbarkeit
Ich bin nicht satt geworden – also muss ich mich selbst retten, also kämpfen	Selbstzweifel; Betrug, Spielen; Alkohol, Kokain; Schuldzuweisungen	*In mir ist alles, was ich brauche; Ich habe ein Recht auf meine Trauer*	Ich verzeihe meinen Eltern

Die hysterische Persönlichkeit[15]

Wenn das Hysterische dominiert, ist die Rede von einer hysterischen Persönlichkeitsstruktur, und wenn diese ausgeprägt und dauerhaft ist, eventuell von einer hysterischen oder histrionischen Persönlichkeitsstörung. Wie die Borderline-Störung gehört auch die hysterische Störung zu den emotional instabilen Persönlichkeitsstörungen. Das typische sich in irgendetwas Hineinsteigern, Dramatisieren, Emotionalisieren, Schauspielerei gehören zu den Kernmerkmalen der Problematik. Kontrollverluste über Gefühle sind häufig. Betroffen sind häufiger Frauen. Bei Männern wird oft die falsche Diagnose gestellt, da durchweg die Meinung vorherrscht, dass es sich um ein typisch weibliches Problem handele. Dies hat große Nachteile in der Therapie. Die Diagnose ist Psychiatern und Klinischen Psychologen vorbehalten.

Zunächst gilt es die typischen Merkmale zu beschreiben: das große Bedürfnis, ständig im Zentrum der Aufmerksamkeit zu stehen. Körperliche Attraktivität hat übertriebene Bedeutung. Das Verlangen nach ständiger Aufregung und Sensationen ist auffällig. Das Verhalten wirkt oft theatralisch, und Gefühle, auch Mitgefühl, sind nicht immer echt und werden übertrieben zum Ausdruck gebracht. Gefühle sind instabil, auch oberflächlich und Betroffene lassen sich leicht beeinflussen. Im Falle einer Kränkung reagieren sie mit starker Wut. Sie haben große Angst vor Zurückweisungen, die sie aufgrund ihres mitunter aufdringlichen Verhaltens jedoch häufig erleben. Da sie nicht in der Lage sind, sich stärker zu kontrollieren, wird das Bemühen, Wichtigkeit, Wertschätzung und Aufmerksamkeit zu erlangen, gesteigert – ein Teufelskreis. Betroffene realisieren nur unzureichend, welche Wirkung ihr Verhalten auf ihr Gegenüber hat.

Häufig zeigen diese Menschen ein egoistisches Verhalten, indem sie sich z. B. ganz selbstverständlich um die unmittelbare Befriedigung ihrer Bedürfnisse kümmern.

Kontrollverluste »passieren« wie bereits oben erwähnt in Form des sich in etwas Hineinsteigerns. Besonders im Falle der Kränkung oder der Zurückweisung ist die Gefahr extremer Reaktionen groß.

Frau G., eine fünfzigjährige Patientin, beschrieb ihre Kontrollverluste, die sie zur völligen Raserei brachten. Insbesondere ihrem Partner gegenüber werde sie nicht selten extrem ungerecht und gemein. Sie selbst leide unter ihrem Gefühlsausbruch, der ihr im Nachhinein sehr leidtue und Schamgefühle erzeuge. Obwohl sie sich vorgenommen habe, dass dies nicht mehr geschehen solle, passiere es ihr immer wieder.

Das Problem bei der Behandlung derartiger Kontrollverluste liegt in der Vorgeschichte. In der frühen Kindheit haben diese Menschen meist Zurückweisungen erleben müssen, die kränkend und verletzend waren.

Hier hat sich ein Automatismus eingestellt, der leicht in extreme Reaktionen führt. Fast immer handelt es sich um geringfügige Auslöser, die zu starken unangemessenen Wutgefühlen führen. Gerade Übertreibungen und Dramatisierungen finden sich bei hysterischen Persönlichkeiten immer wieder. Diese gilt es zu erkennen und in die richtige Dimension zu bringen.

Wenn es darum geht, den Kontrollverlust zu stoppen, kann dies mit großer Wahrscheinlichkeit nur früh, ganz am Anfang geschehen, wenn das sich »Hineinsteigern« noch nicht stattgefunden hat. Die Voraussetzungen sind Achtsamkeit und die innere Bereitschaft, die Selbstkontrolle behalten zu wollen. Nur das Hier und Jetzt bietet eine Möglichkeit, sich auf dem sicheren Ufer zu bewegen. Auch ist es sinnvoll, die Auslöser, die zu Kontrollverlusten führten, zu kennen. Es sind bestimmte Szenen oder Gedanken, welche die Eskalation herbeiführen. Betroffene berichten, dass sie sich mitunter von diesen Auslösern magisch angezogen fühlten. Wenn das emotionale Gedächtnis zu destruktivem Verhalten verführt, kann auch hier Amygdala-Klärung helfen. Das bewusste »Stopp« und die Sorge für eine andere »Chemie« in Form besserer Gefühle sind jetzt die Aufgabe. Fast immer sind negative innere Programme der Hintergrund und letztlich für die emotionalen Entgleisungen verantwortlich. Mithilfe der Selbstwertanalyse können sie bearbeitet werden. Bei Frau G. waren die Auslöser meist davon bestimmt, dass sie sich nicht wichtig genommen fühlte.

Eifersucht kann wahnhaften Charakter bekommen.

Leicht kann es passieren, dass Herr O. eifersüchtig wird. Harmlose Gespräche seiner Partnerin mit einem anderen Mann können starke Ängste in ihm auslösen. Herr O. befürchtet, der andere würde ihr mehr imponieren, und so fühlt er sich zurückgesetzt. Alle Versuche, die Eifersuchtsgefühle als unberechtigt zu verstehen, helfen nicht. Herr O. lässt sich nicht von seiner Eifersucht abbringen. Es dauert immer eine gewisse Zeit, bis er sich von seinen Ängsten lösen kann. Nur sehr zögernd kann er dann erkennen, dass die Eifersucht unbegründet war.

Mithilfe der Selbstwertanalyse konnte Herr O. bei sich selbst das ausgeprägte Programm *Ich genüge nicht* erkennen. Für Herrn O. war es schwer zu verstehen, dass das Problem mit der momentanen Situation nichts zu tun hat, sondern ein Relikt aus der Vergangenheit ist.

Probleme und Konflikte werden mit starken Gefühlen aufgeladen, logisches Denken tritt in den Hintergrund. Oft wird ein Partner gesucht, der scheinbaren Halt geben kann. Bei narzisstischen Persönlichkeiten werden Gefühle eher verdrängt und verleugnet, sodass logisches Denken und rationale Entscheidungen dominieren. Dies fasziniert hysterische Menschen; Narzissten sind von den starken Emotionen des Hysterikers beeindruckt. Daher ist es kein Wunder, wenn sich beide in einer symbiotischen Paarbeziehung wiederfinden. Mittelfristig sind jedoch beide enttäuscht: der Hysteriker von den massiven Abwertungen und von der Gefühlskälte des Gegenübers, und der Narzisst von der ängstlichen Abhängigkeit und den dramatischen Inszenierungen.

Auch in diesem Fall weisen die Symptome auf eine tiefer liegende Störung hin, die es zu verstehen gilt. Hysterischen Menschen ist es nicht gelungen, eine reife Persönlichkeit zu entwickeln. Unbewusst tragen sie ein inneres Programm in sich, das lautet: *Ich will Kind bleiben.* Damit ist die Erwartung verbunden, dass andere für sie zu sorgen haben. Nach dem Motto *»Hilfe muss immer von außen kommen«* bleiben sie in entscheidenden Lebensbereichen abhängig. Da sie in der Kindheit oft Verwöhnung erleben mussten, erwarten sie, dass andere für ihre Zufriedenheit verantwortlich sind. Tatsächlich kommt dies aus der tiefen Überzeugung, dass das ihr gutes Recht ist.

Zentraler Therapiepunkt ist die Entwicklung eines unabhängigen Selbstwertgefühls. Betroffene beschäftigen sich oft mit der Frage, wie sie auf andere wirken. Es geht darum, die eigenen Werte, unabhängig vom äußeren Schein, zu erkennen und sich von der Meinung anderer frei zu machen. In der Therapie kann es beispielsweise sinnvoll sein, eine Zeit lang auf Make-up zu verzichten, was ohnehin meist übertrieben aufgetragen wurde. Jetzt ist es wichtig zu erfahren, dass sich dies in sozialen Kontakten eher förderlich auswirkt. Die Fokussierung auf Äußerlichkeiten verursacht eine Oberflächlichkeit, sodass sich eine tiefere Zufriedenheit nicht einstellen will.

Hysteriker nehmen von sich selbst an, authentisch und echt zu sein, da sie im Vergleich zu anderen ja so starke Gefühle zeigen. Dabei werden sie leicht Opfer von Inszenierungen, die sie in eine Übertreibung, aber nicht in eine realistische Selbstreflexion bringen. Im Falle starker Gefühle kann Amygdala-Klärung hilfreich eingesetzt werden, immer mit der Frage: Spielt mir die Amygdala gerade wieder einen Streich? Jetzt wird der Neokortex aktiviert und die Chance, dass Probleme sachlicher und nüchterner angegangen werden, wächst. Betroffenen helfen nur Methoden, die sie selbst anwenden können und sie in die Unabhängigkeit führen; so lernen sie, sich selbst zu beruhigen. Auch regelmäßig praktizierte Meditation beruhigt den Geist und wirkt Kontrollverlusten entgegen.

Die Bearbeitung des Selbstwertgefühls mithilfe neuer Programme ist eine lebenslange Aufgabe.

Das Leben ist ein Theaterspiel, das gilt besonders für hysterische Persönlichkeiten. So wird nicht möglich sein, es völlig einzustellen. Ziel ist jedoch, auf unangemessene Formen möglichst zu verzichten und damit auch mehr Kontrolle über die eigenen Gefühle zu behalten. Dies bedeutet den achtsamen Umgang mit Gefühlen zu üben und insbesondere Übertreibungen und Dramatisierungen als solche wahrzunehmen.

> **!** *Typische Fehlreaktionen des emotionalen Gehirns:*
> Große Ängstlichkeit; Eifersucht; Angst vor Alleinsein; starke Wut bei befürchteter oder tatsächlicher Zurückweisung; Neid.

Eine typische Selbstwertanalyse einer hysterischen Persönlichkeit

<table>
<tr><th>Geheime Programme</th><th>Gegenprogramme</th><th>Neue Programme</th><th>Neues Verhalten</th></tr>
<tr><td>Ich genüge nicht</td><td>Inszenieren</td><td>Ich genüge immer; Ich bin wertvoll</td><td>Verantwortung übernehmen</td></tr>
<tr><td>Ich bin nicht satt geworden</td><td>Dramatisieren</td><td>In mir ist alles, was ich brauche</td><td rowspan="2">Verzicht auf Theater</td></tr>
<tr><td>Ich bin nicht wichtig</td><td>Manipulieren</td><td>In mir ist alles, was ich brauche</td></tr>
<tr><td>Ich schaffe es nicht allein</td><td>Kaufen; sich verlieben</td><td>In mir ist alles, was ich brauche</td><td rowspan="2">Verlassen der Opferrolle; für sich sorgen</td></tr>
<tr><td>Ich will Kind bleiben</td><td>Perfektionismus; Trotz; Opferrolle; Flucht in die Krankheit</td><td>Ich übernehme Verantwortung für meine Gefühle</td></tr>
</table>

Die abhängige/dependente Persönlichkeit[16]

Auch Menschen mit einer abhängigen Persönlichkeit erleben überdurchschnittlich oft Kontrollverluste, insbesondere über Angst. Ein Mangel an Selbstständigkeit und Autonomie ist das eigentliche Problem. In Beziehungen suchen sie Halt und Orientierung. Das innere Programm lautet *Ich kann nicht alleine.* Und tatsächlich wird Alleinsein oft schlecht ertragen. Der Partner wird zum »Beruhigungsmittel« in allen Lebenslagen. Er oder sie ist dafür zuständig, dass es dem Abhängigen gut geht. Auffällig ist die große Selbstunsicherheit, auch das innere Programm *Ich genüge nicht* ist dominant. In schweren Fällen waren diese Menschen nicht erwünscht und wurden bereits als Kinder zum Befehlsempfänger degradiert.

Abhängige Menschen lassen sich von ihren Gefühlen leiten und sind nicht selten von Angst, Trauer oder Wut überschwemmt. Sie entwickeln leicht Schuldgefühle bzw. lassen sich leicht mit dem Erzeugen von Schuldgefühlen manipulieren. Das Leben findet vorwiegend in der Opferrolle statt, dies geschieht oft auch unbewusst. Dies bedeutet, dass sie in Beziehungen ihr eigenes Ich aufgeben.

Frau Z. beschreibt dies so:

Ich lasse mich leicht ausnutzen, tue immer zu viel für andere. Besonders wenn ich in einer Beziehung bin, achte ich nicht mehr auf meine Bedürfnisse und Interessen – nur noch die Interessen meines Partners gelten. Ich lebe dann in seiner Welt, und es ist so, als verschwinde die eigene. Ständig befürchte ich, etwas falsch zu machen – jeder Fehler wird für mich existenziell, denn ich erwarte, dass die Beziehung zu Ende ist. Insgesamt bin ich unzufrieden und fühle mich häufig leer.

Entscheidungen fallen besonders schwer, daher ist ein sich ständiges Rückversichernmüssen die Regel. In Partnerschaften wird dies oft zur Belastung. Bei durchaus ausreichender Intelligenz werden trotzdem ständig Fragen und Zweifel geäußert, vor dem Hintergrund, keine Fehler machen zu wollen.

Das innere Programm *Ich genüge nicht* ist bei abhängigen Persönlichkeiten besonders ausgeprägt. Wenn sie sich mit der Selbstwertanalyse vertraut machen, können sie das neue Programm *Ich genüge immer* für sich selbst zunächst nicht vorstellen.

Es versteht sich fast von selbst, dass Abhängige unbewusst an dominante Partner/Parnerinnen geraten, bei denen sie sich den nötigen Halt verschaffen wollen. Oft haben diese narzisstische Persönlichkeitsanteile. Dies bedeutet, dass sie empfänglich für Bewunderung sind, die ihnen von einer abhängigen Persönlichkeit entgegengebracht wird. So finden beide zusammen und nicht selten in symbiotische Abhängigkeiten. Bald ist der Narzisst jedoch von der kindlichen Abhängigkeit genervt, und der Abhängige sieht sich starken Abwertungen ausgesetzt. Auch hier ist ein Kontrollverlust zu beobachten, niemand ist in der Beziehung glücklich, aber man ist unfähig, sie zu beenden.

Abhängige, symbiotische Partnerschaften sind immer davon gekennzeichnet, dass versucht wird, mithilfe der Beziehung ein inneres Problem zu lösen. Man ist zu unselbstständig und sucht Halt bei einem vermeintlich stärkeren Partner (das Selbstwertgefühl, z. B. eines Narzissten, ist trotz der nach außen demonstrierten Stärke brüchig und bedarf ständiger Bewunderung).

Die Ehe von Frau L. ist die Hölle. Sie ist täglichen Aggressionen und Misshandlungen durch ihren Ehemann ausgesetzt. Sie weiß, dass sie ihn unbedingt verlassen muss, aber sie findet keine Kraft, den entscheidenden Schritt zu tun. Einmal flüchtete sie in ein Frauenhaus, ließ sich aber nach kurzer Zeit von ihrem Mann überreden, zu ihm zurückzukehren, weil er Besserung gelobte. Dies stellte sich, wie zu erwarten, als Trugschluss heraus.

Hilfesuchend wendet sie sich erneut an eine Frauenberatungsstelle. Die Beraterin erklärt ihr die Funktion der Amygdala: Der Verstand sagt ihr, dass sie ihren Mann dringend verlassen muss. Die Amygdala verursacht jedoch die entscheidenden Blockaden. Aus ihrem emotionalen Gedächtnis kommen Anweisungen, die auf altbekannten Programmen beruhen: »Ich habe Angst, ihn zu verlassen; allein komme ich nicht klar; es wird einen finanziellen Engpass geben, was wird aus meiner Familie, aus meinem Zuhause?; ich habe ihn doch geliebt, ich darf ihn nicht verlassen; wenn ich ihn verlasse, wird er mich umbringen«.[17]

Da sie es nicht schafft, zu tun, was sie dringend tun sollte, entwickelt Frau L. starke Schuldgefühle. Sie wertet sich selbst ab und gerät so in einen typischen Teufelskreis, der sie immer schwächer werden lässt. Frau L. braucht dringend Hilfe, die sie annehmen sollte.

Die Persönlichkeit von Frau L. wurde in ihrer Beziehung gebrochen, und so ist es nicht verwunderlich, dass ihr die Kraft für Handlungsfähigkeit fehlt. In ihrem Inneren finden sich widersprüchliche Gefühle. Mithilfe der Beraterin versucht Frau L., diese zu ordnen: Kommen sie aus dem emotionalen Gedächtnis oder basieren sie auf logischem Denken? Besonders die tiefen Ängste kann sie der Amygdala zuordnen. Gefühle wie Enttäuschung, Ärger und Wut kommen besonders dann zum Tragen, wenn sie über ihre Situation nachdenkt, sie sind eher Folgen logischen Denkens.

Die Wahrheit ist simpel: Wer immer wieder oder oft dem emotionalen Gedächtnis nachgibt, trainiert es auf diese Weise – möglicherweise bis zum Kontrollverlust. Natürlich ist es möglich, den »Spieß umzudrehen« und den Neokortex zu trainieren; dies bedeutet in aller Regel Verzicht, Anstrengung oder die Inkaufnahme von Ängsten. Das Motto lautet dann: *»Ich bin stärker als mein emotionales Gehirn.«* Dafür bedarf es einer starken Vision von einem anderen, neuen und besseren Leben. Alte Verhaltensmuster, die im Hirnscan sichtbar sind, lassen sich überschreiben.

Für Frau L. würde dies bedeuten, dass sie einen Plan für die Trennung entwirft, der sich ausschließlich an ihrem nüchternen Menschenverstand orientiert. Dabei darf sie sich helfen lassen. Beziehungen haben nicht selten süchtigen Charakter. Dies bedeutet für Frau L.: Wenn sie ihrem Mann den kleinen Finger gibt, wird er ihre ganze Hand nehmen und »daran wird er sie hinter sich herziehen«. Die sichere Lösung ist, den Kontakt möglichst komplett einzustellen, ansonsten werden die bekannten Verhaltensmuster auf beiden Seiten wieder aktiviert.

Ein Beispiel, das in der Psychotherapie öfter beschrieben wird, ist Folgendes: *Wenn man einen Frosch in ein Gefäß mit kühlem Wasser setzt und dieses langsam erhitzt, bleibt der Frosch sitzen und stirbt schließlich. Wenn man einen Frosch in heißes Wasser setzt, wird er sofort versuchen, aus dem Gefäß herauszukommen.* Jetzt könnte man denken, dass Frösche besonders dumm sind, es gilt ja nur für Frösche. Dabei kann leicht übersehen werden, dass Menschen oft einem sehr ähnlichen Mechanismus unterliegen, beispielsweise wenn sie in Beziehungen bleiben, die absolut toxisch für sie sind. Das Gift wurde langsam immer stärker, man hat sich allmählich an den Schmerz gewöhnt und hat gelernt, immer mehr zu ertragen.

Die Behandlung der abhängigen Persönlichkeit ist schwierig, da diese Menschen Anpassung für Therapieerfolg halten. Meist wurden sie während der Kindheit emotional als Partnerersatz missbraucht. Sie waren dafür zuständig, dass es Vater oder Mutter gut ging; in diesem Zusammenhang mussten sie viel zu früh eine erwachsene Rolle einnehmen, mussten Sorgen und Nöte verstehen, für die sie noch nicht reif genug waren. Sehr früh lernten sie, eigene Wünsche und Bedürfnisse zugunsten anderer zurückzustellen. Kinder, die sich in der Symbiose mit einem Elternteil befinden, werden wie privates Eigentum behandelt, mitunter so, als wären sie ein Körperteil von Vater oder Mutter. Man kann sie nicht loslassen in ein unabhängiges Leben. Die Erziehung zur Abhängigkeit hat dazu geführt, dass die Angst vor Unabhängigkeit und die Überzeugung, alleine nicht existieren zu können, dominieren. Ein zentrales Erziehungsmittel war das Erzeugen von Schuldgefühlen. Amygdala-Klärung kann weiterhelfen, wenn es wieder zu den typischen Zweifeln kommt. In der Therapie geht es darum, das Problem zu verstehen, z. B. mithilfe von Bibliotherapie[18]. Die Befreiung aus Abhängigkeiten ist immer mit dem Überwinden von Ängsten verbunden. Die Selbstwertanalyse verhilft zu einem neuen Selbstwertgefühl.

!

Typische Fehlreaktionen des emotionalen Gehirns:
Selbstzweifel; Schuldgefühle; Angst, »Nein« zu sagen; Angst vor dem Alleinsein; Angst vor eigenen Entscheidungen; viele unrealistische Ängste.

Eine typische Selbstwertanalyse der abhängigen Persönlichkeit

Geheime Programme	**Gegenprogramme**	**Neue Programme**	**Neues Verhalten**
Ich bin nicht wichtig	Anpassung; Arbeit	*Ich bin willkommen*	Ich sorge für meine Bedürfnisse
Ich bin für andere zuständig	Leistung; Helfen	*Ich bin wertvoll; Ich bin gleichwertig*	
Ich habe kein Recht auf Unabhängigkeit und Glück	Abhängige Beziehungen; Trotz; Selbstbelohnung	*Ich bin gleichwertig; Ich habe ein Recht auf meine Meinung*	Ich äußere meinen Ärger
Ich genüge nicht; Ich bin zu kurz gekommen	Tagträume; Essen	*Ich genüge immer; In mir ist alles, was ich brauche*	Ich weise unberechtigte Forderungen zurück; Ich wehre mich; Ich habe das Recht, eine destruktive Beziehung zu beenden
Ich lebe für Vater/Mutter; Ich bin nur erwünscht, wenn ich mich für andere opfere; Ich bin nicht willkommen	Selbstabwertung; Grübeln	*Ich bin frei von Schuld; Ich habe ein Recht auf meinen Ärger*	
Ich kann nicht alleine	Alleinsein vermeiden	*Ich bin unabhängig*	Alleinsein genießen

Ein weiteres Thema für Menschen mit einer abhängigen Persönlichkeitsstruktur ist die Bearbeitung der Wutblockade (siehe dazu das nächste Kapitel »Der Gefühlsbaum«).

9. Blockierte Gefühle und Kontrollverlust – der »Gefühlsbaum«

Mithilfe eines Modells habe ich vielen Hundert Patienten und Patientinnen erklärt, wie Emotionen blockiert werden, mit der Folge, dass unliebsame Gefühle wie Angst, Schmerz oder Wut besonders stark erlebt werden. Das Modell weist den Weg, wie Menschen wieder zu ihren »wahren« Gefühlen finden. Da es einem Baum ähnelt, nennt es sich »Gefühlsbaum«. Die Psyche ist ein dynamisches System: Wenn es irgendwo eine Blockade gibt, dann entlädt sich Energie an anderer Stelle umso stärker.

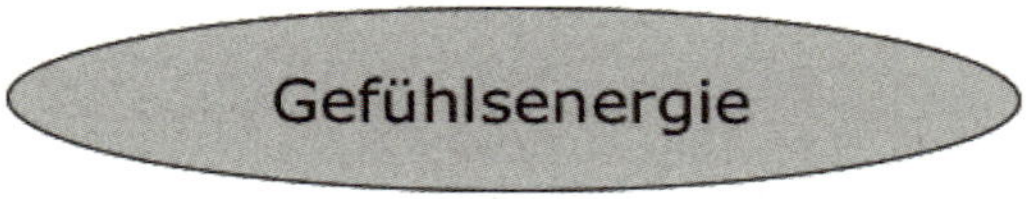

Wenn ein gesundes Kind geboren wird, ist das kleine Wesen voller Energie, voller »Gefühlsenergie«. Wenn es lacht, tut es dies mit dem ganzen Körper, mit Armen und Beinen. Ebenso, wenn es schreit; wenn ihm etwas fehlt, drückt es dies mit seinem gesamten Körper aus.

Bei einem Säugling kann man Lust und Unlust unterscheiden.

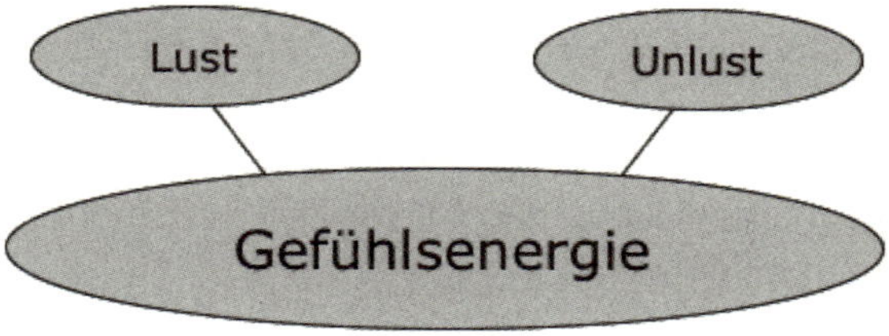

Wir unterscheiden grob vier verschiedene Grundgefühle: Angst, Ärger/Wut, Trauer/Schmerz und Freude. Alle anderen Gefühle lassen sich den Grundgefühlen zuordnen. So gehören zu Angst z. B. Panik, sich Gruseln, Phobie, Besorgnis, Verzagtheit. Zu Wut/Ärger gehören z. B. Zorn, Empörung, Groll, Jähzorn, Rachsucht, Rage. Zur Trauer gehören z. B. Leid, Gram, Trostlosigkeit, Kummer, Betrübnis, Marter. Zur Freude gehören z. B. Glücksgefühl, Begeisterung, Entzücken, Frohsinn, Spaß, Genuss, Glückseligkeit, Vergnügen.

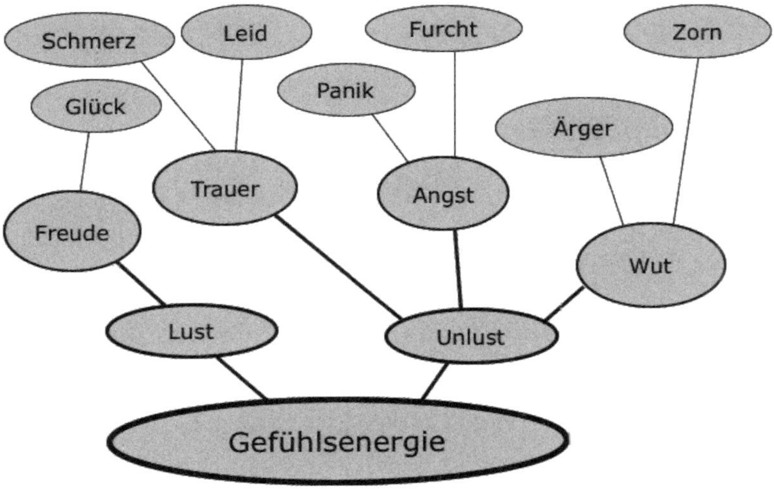

Das Problem ist, dass bestimmte Gefühle blockiert werden können. Dies geschieht bereits während der Kindheit, wo die Seele offen ist und Eindrücke prägende Wirkung haben. Lernen findet auch durch Imitation statt. Wenn es Mutter oder Vater schwerfällt, bestimmte Gefühle zum Ausdruck zu bringen, ist die Wahrscheinlichkeit groß, dass dem Kind dies ebenfalls nicht gelingt.

Während kleine Kinder meist einen unbeschwerten Umgang mit ihren Gefühlen haben und sie auch zeigen, wird durch die Erziehung das spontane Gefühl unterdrückt: *Das darfst du nicht; das geht so nicht; das macht man nicht; das sollst du nicht; ein Indianer kennt keinen Schmerz; große Jungen/Mädchen weinen nicht …* Kinder hören täglich Hunderte Anweisungen, die Einfluss auf ihr Verhalten und auch auf ihre Gefühle nehmen. Sie werden angepasst an das System. Dies ist ein notwendiger Vorgang, der allerdings nicht zu radikal erfolgen und die Persönlichkeit nicht verformen sollte. Kinder müssen lernen, sich in Gruppen zurechtzufinden, Grenzen zu akzeptieren und die Rechte anderer zu achten. Nicht selten werden Gefühle blockiert, weil sie als nicht angebracht erscheinen, anstatt dass Kindern vermittelt wird, wie sie sie in angemessener Weise äußern und regulieren können.

Emotionale Blockaden stören den Energiefluss und die Lebensenergie. Sie verursachen psychische Störungen wie übertriebene Ängste, übertriebene Wut und Depressionen, und vor allem wird Lebensfreude blockiert. Sie sind von unterschiedlich intensiver Ausprägung.

Die Angstblockade

Angst ist für die meisten Menschen ein unangenehmes Gefühl. Als Nervenkitzel wird sie jedoch auch gesucht: etwa beim Ansehen von Horrorfilmen, bei rasanten Karussellfahrten, Fallschirm- und Bungee-Sprüngen u. Ä. Insgesamt wird Angst jedoch gesellschaftlich eher vermieden und abgewertet. Wer Angst hat, gilt als schwach, hilflos, bedürftig und unfähig. Die alten Rollenmuster gelten immer noch. Während es Mädchen eher gestattet ist, sich ängstlich zu zeigen, wird dies Jungen meist nicht ohne Weiteres zugestanden. *Du bist ein Weichei; ein Schwächling; eine Niete; ein Opfer; ein Versager …* Angst nicht zu zeigen, gilt als cool. Mutproben gehören vielfach zum Schülerdasein. Wird Angst blockiert und verdrängt, wird sie in andere Kanäle umgeleitet. Besonders werden Wut und Ärger verstärkt erlebt. Das Gefühl, ohnmächtig zu sein, ist unangenehm und kränkend und wird mithilfe der Wut vermieden. Es gibt den sogenannten »Angstbeißer«, der seine Angst in Aggression umwandelt.

Ein typisches Beispiel ist der gereizte Chef, der Frust bei jeder Gelegenheit an seinen Mitarbeitern ablässt. Das eigentliche Problem ist jedoch die berechtigte Angst vor einer Insolvenz, auf die das Unternehmen zusteuert.

Wenn verdrängte Angst sich auch in aller Regel in Wut verwandelt, ist es durchaus möglich, dass sie sich in verstärktem Schmerz oder auch in Trauer zeigt. Nicht selten steckt hinter körperlichen Schmerzen, die keine organischen Ursachen haben, verdrängte Angst. In der unten stehenden Grafik wird die Wirkung der Angstblockade dargestellt.

Wird Angst blockiert, werden quasi ersatzweise andere Gefühle aktiviert. Wut ist keine Lösung für Angst. Der Angstbeißer verschafft sich

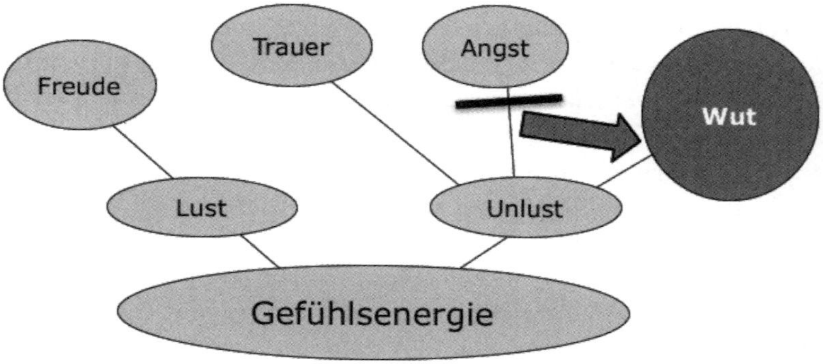

lediglich ein Gefühl von Stärke, das seine Ängste überdecken soll. Man muss zugeben, dass es mitunter funktioniert: Vermeintlich Schwächere lassen sich von der Aggressivität beeindrucken und weichen zurück. Das wirkt verstärkend: Hier fühlt sich jemand bestätigt, sodass das entsprechende Verhalten wahrscheinlich öfter bzw. immer wieder gezeigt wird. An dem eigentlichen Problem, seiner Angst, hat sich jedoch nichts verändert. Bei vielen dieser Menschen ist eine latente Aggressivität zu beobachten, die jederzeit explodieren kann. Sie wirken bedrohlich und aggressive Kontrollverluste sind keine Seltenheit. Meist ist von außen nicht zu erkennen, dass das eigentliche Problem Angst ist.

Auch an dieser Stelle ist es notwendig, »das Schloss auszutauschen« und sich seiner Angst zu stellen. Die Frage lautet: Wovor habe ich Angst? Betroffenen wird es nicht leichtfallen, sich ängstlich zu erleben, und vor allem, dies zuzugeben. Sie verwechseln dies zunächst mit Schwäche. Oft gelingt dies nur mit psychotherapeutischer Unterstützung.

Die Wutblockade

Viele Menschen leiden an einer Wutblockade. Das eigentliche Problem ist auch hier Angst. Sie trauen sich nicht, zu sagen und zu zeigen, dass sie sich ärgern. Meist ist diese Blockade in der frühen Kindheit entstanden, als dem kleinen Kind beigebracht wurde, Ärger zurückzuhalten. Es ist völlig normal, dass Kinder Ärger auch gegen die Eltern richten, etwa wenn Wünsche nicht erfüllt werden. Wird dies von den Eltern hart unterbunden und bestraft, etwa auch mit Liebesentzug, dann entwickelt sich die typische Wutblockade. Selbstverständlich spielen auch die Gene eine Rolle; denn sein Temperament bringt ein Säugling schon bei der Geburt mit. Auch Lernen am Modell kann prägend sein: Die Mutter mit einer Wutblockade ist für die Tochter eventuell kein geeignetes Vorbild.

Wie in der Grafik unten zu erkennen ist, wird auch bei einer Wutblockade die Energie in andere Kanäle umgelenkt. In diesem Falle ist es besonders Angst, die verstärkt erlebt wird. Wenn Kampf und Aggression nicht möglich ist, bleibt nur noch die Flucht. Aber auch Trauer und Schmerz werden vermehrt gefühlt. Während Männer häufiger eine Angstblockade entwickeln, tritt bei Frauen häufiger eine Wutblockade auf. Menschen mit einer abhängigen Persönlichkeitsstruktur leiden immer unter einer Wutblockade.

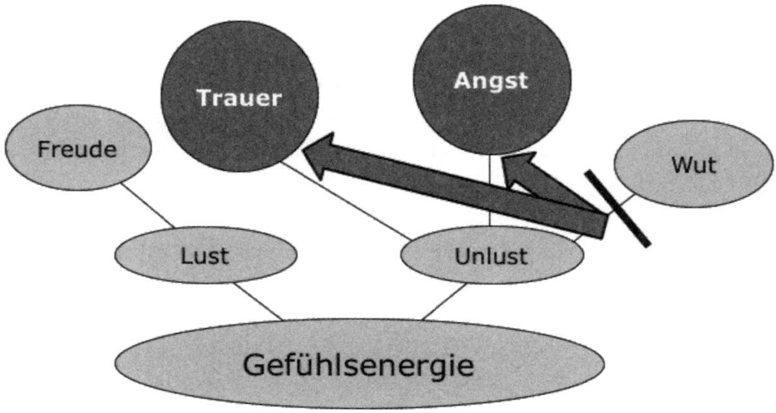

Menschen mit emotionalen Blockaden fühlen sich in der Regel so, wie sie sind, in Ordnung. Sie stellen sich selbst nicht infrage. Leid in Form psychischer Störungen sollte Anlass zu einer gründlichen Prüfung geben. Wer erkennt, dass es ihm schwerfällt, sich zu wehren, sollte an der Wutblockade arbeiten und lernen, sich abzugrenzen und »Nein« zu sagen. Auch Menschen mit übermäßiger Angst sollten ihren Umgang mit Wut und Ärger überprüfen. Auch allzu starke Trauer kann ein Hinweis auf eine Wutblockade sein. Ebenso sollten Menschen, die an einer depressiven Störung erkrankten, sobald es ihnen besser geht, ihren Umgang mit Wut überprüfen (in der akuten Phase der Krankheit kann dies eine Überforderung sein). Findet sich für innere Wut keine Lösung? Unbewusst richten sich Wutgefühle gegen die eigene Person. Meist ist hier psychotherapeutische Hilfe angebracht.

Auch Suchterkrankungen sind Wutkrankheiten. Betroffene leiden an negativen geheimen Programmen, die Wut verursachen. Es scheint jedoch keine Lösung dafür zu geben, sodass sich negative Energie selbstzerstörerisch gegen die eigene Person richtet.

Wer seine Wutblockade verändern will, steht vor einer großen Lernaufgabe. Meine Patientinnen und Patienten hatten die Möglichkeit, dies im geschützten Rahmen einer therapeutischen Gemeinschaft in der Klinik zu üben. Die Aufgabe war, ruhig öfter über das Ziel hinauszuschießen und Ärger zu zeigen. Dabei war es wichtig, die Angst vor der eigenen Wut zu verlieren. Das richtige Maß zu finden, kann später erfolgen, wenn es eine Wahlfreiheit gibt, nach der Devise: *Ich kann meinen Ärger zeigen, muss es aber nicht immer.*

Um die Wutblockade zu lockern, sind Körperübungen hilfreich. Dabei geht es darum, die eigene Kraft zu spüren. Das Boxen gegen einen Punchingball oder das Schlagen auf eine Matratze sind ungefährlich und effektiv. Man kniet sich beispielsweise vor das Bett und schlägt mit voller Kraft mit Unterarmen und Händen auf die Matratze.

Typischerweise sind Betroffene Konfliktvermeider. Die Frage *Soll ich etwas sagen?* wird fast immer rückwärts negativ beantwortet: *Lieber sag ich nichts.* Dies ist zu ändern: Wenn die Frage auftaucht, ist es klar, dass ich etwas sagen soll.

Es ist völlig normal, dass Mitmenschen von jemandem, der sich immer zurückhielt und anpasste, dieses Verhalten weiterhin erwarten. Dieser Erwartung nicht nachzukommen dürfte interessant und spannend sein. Bei meinen Patienten musste ich leider mehrmals erleben, dass sie zwar neue soziale Kompetenzen erwarben, diese aber nach einer gewissen Zeit wieder vernachlässigten und in die alteingeübten Verhaltensweisen der Anpassung zurückfielen. Muster, die jahrzehntelang gelebt wurden, sind wie eingetretene Pfade, bequemer als das Neue. Wie schon beschrieben, kann das ursprüngliche Muster nicht gelöscht werden, jedoch durch Neues überschrieben werden. Es ist also möglich, jederzeit zu dem Neuen zurückzufinden. Daher gilt: *Rückfälle nicht so ernst nehmen, nicht über sich selbst ärgern, sondern neu starten.*

Die Trauerblockade

Genau wie Angst ist Trauer ein gesellschaftlich eher geächtetes Gefühl. Alle sind »hip«, strahlen Optimismus und Erfolg aus, es besteht nahezu ein »Trauertabu«: Es gehört sich nicht, traurig zu sein und dies zu zeigen. Ein Mensch in Trauer wird eher gemieden. Am liebsten möchte man mit diesem Gefühl nicht in Berührung kommen; eventuell ängstigt es, vielleicht könnte einem selbst ja auch so was passieren. Dabei ist Trauer das Gefühl, das uns zu Menschen macht. Wenn ein geliebter Mensch uns verlässt, spüren wir Schmerz und Angst – Trauer ist der Preis für Liebe.

»Sei nicht traurig«, so die Anweisung. Wenn kleine Kinder mit Abschied, Verlust oder Schmerz konfrontiert werden, tröstet man sie häufig mit Süßigkeiten oder Geschenken bzw. lenkt sie ab, etwa mit einem lustigen Video. Entsprechend lernen sie dann oft auch nur unzureichende Bewältigungsstrategien, mit Trauer umzugehen. Trauer ist das am häufigsten verdrängte Gefühl. Nicht verwunderlich, dass dies sich an anderer Stelle negativ bemerkbar macht. Für ein Drittel der körperlichen Schmerzen, die Patienten Ärzten schildern, werden keine medizinischen Erklärungen gefunden. In vielen Fällen ist davon auszugehen, dass seelischer Schmerz sich körperlich zum Ausdruck bringt.

Trauergefühle werden nicht selten mit Alkohol oder Essen betäubt. Wie oben beschrieben richtet sich bei einer Suchtkrankheit Wut gegen die eigene Person – in diesem Fall Wut als die einzige Möglichkeit, wie sich die Trauer ausdrücken kann.

Die Trauerblockade verursacht innere Kälte und Leere. Besonders ausgeprägt ist sie bei narzisstisch gestörten Personen. Wie in der Grafik zu erkennen ist, wird Gefühlsenergie in andere Kanäle gelenkt.

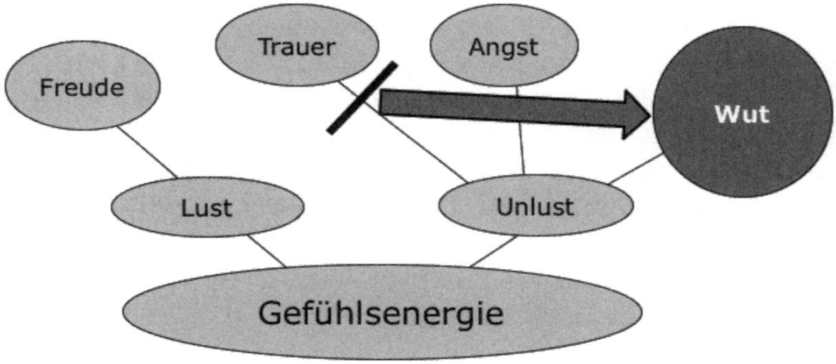

Trauer ist für viele ein unliebsames Gefühl. Man will sich mit unabweisbaren Tatsachen nicht abfinden, sich nicht klein und ohnmächtig fühlen. Vor allem wird Wut, wie oben beschrieben, als »Ersatzgefühl« eingesetzt. Die Trauer wird umgelenkt, Wut ist jetzt sozusagen der Problemlöser, der jedoch nicht wirklich funktioniert. Die Folge ist unweigerlich, dass es Wut im Übermaß gibt.

Der Trauerprozess – eine Anleitung[19]

Die Angst vor Trauer ist ein weit verbreitetes Problem in der Gesellschaft. Das Wissen, wie man Trauer bewältigt, ist eher mangelhaft und führt zu Angst und Unsicherheit. Wie Trauer auf natürliche Weise bewältigt wird, lässt sich anhand eines Modells von vier Phasen zeigen.

1. Verleugnung
2. Schmerz, Verzweiflung, Wut; Angst
3. Trauerarbeit
4. Integration

Die erste Phase ist in der Regel Verleugnung. Dies lässt sich am besten verstehen, wenn wir uns vorstellen, dass ein geliebter Mensch plötzlich gestorben ist. Wir können es nicht fassen, glauben, dass er gleich den Raum betritt, oder es fällt uns ein, dass wir etwas Wichtiges mit ihm besprechen wollten. Dies sind völlig normale Reaktionen, da die Seele überfordert ist und dramatische Tatsachen nicht sofort verarbeiten kann. Menschen versuchen, sich vor dem Unabwendbaren zu schützen, sie stehen förmlich neben sich, glauben gefühllos zu sein, erledigen Aufgaben wie in Trance. Andere verkriechen sich, wollen nichts mit dem Schmerz zu tun haben, lenken sich ab oder betäuben sich mit Alkohol.

Die zweite Phase ist von Schmerz gekennzeichnet, die Verleugnung ist förmlich zusammengebrochen. Ein nie gekannter Schmerz, der überwältigt, den man glaubt, nicht ertragen zu können, stellt sich ein. An dieser Stelle ist der Glaube, dass er nie vergehen wird, typisch. Meist brechen die überwältigenden Gefühle nach der Beerdigung durch. Die Angst, das Leben nicht allein meistern zu können, ist ebenso zu beobachten wie Wut. Denn zur zweiten Phase gehört auch Wut. Es ist völlig normal, wenn sich Wut darüber, dass man verlassen wurde, dass man nichts ändern konnte/kann, einstellt. Auch gläubige Menschen sind wütend, darüber, dass Gott ihnen diesen Schmerz zumutet: *Warum passiert das mir?*, lautet die Frage.

Die dritte Phase ist beginnende Trauerarbeit. Die meisten Menschen wissen nicht, wie das geht. Trauerarbeit bedeutet, durch den Schmerz hindurchzugehen und den Verlust in den Alltag zu integrieren. Beispielsweise stellt man ein Foto des Verstorbenen in die Wohnung an einen Ort, wo man immer wieder hinschaut. Je mehr ein Mensch sich mit dem Schmerz konfrontiert, umso wahrscheinlicher ist/wird, dass er das Ereignis übersteht.

Trauernde brauchen Trost, obwohl sie meist untröstlich sind. Der hilfreichste Trost kommt von Mitmenschen, die wirklich zuhören, die keine guten Ratschläge geben wollen. Weinen kann sehr erleichternd sein, sofern es Tränen des Schmerzes sind. Es gibt auch Tränen der Wut, diese werden jedoch nicht als Erleichterung wahrgenommen. Es geht darum, langsam, allmählich zu einem »Ja« zu finden, sich mit dem Unabwendbaren abzufinden. In Phase eins und zwei jedenfalls dominiert das »Nein, es hätte nicht passieren dürfen«.

Expressives Schreiben
Eine äußerst wirksame Methode zur Bewältigung emotionaler Verletzungen, Kränkungen, Trennungen und Misshandlungen wurde von dem amerikanischen Psychologen James Pennebaker entwickelt[20]. Die Anweisung lautet: täglich fünfzehn Minuten lang über das emotional belastende Problem zu schreiben. Dies führt mit großer Wahrscheinlichkeit dazu, dass man sich anschließend traurig und aufgewühlt fühlt. Wenn dieser Vorgang jedoch wiederholt wird, kommt es offensichtlich zu einer Bewältigung, und der Schmerz wird schwächer. Man ist immer wieder »durch den Schmerz gegangen« und kann das Unabweisbare besser akzeptieren.

In Phase vier geht es um Integration. Jetzt gelingt es, sich dem Leben wieder zuzuwenden, gereift, weil man nicht vor dem Schmerz geflüchtet ist. Man ist gewachsen und begreift die Kostbarkeit des Daseins auf neue Weise. Der Verstorbene hat einen Platz im Herzen eingenommen, man fühlt sich ihm noch immer nahe, man kann mit ihm reden und man hat einen klugen Ratgeber, der wichtige Hinweise geben kann. Es tut sicherlich immer noch weh, aber man kann den Lauf des Schicksals akzeptieren und man wird versuchen, dem Leben einen tieferen Sinn zu geben. Nur vom Tode her erhält das Leben Wert und Bedeutung. In vielen Trauermodellen wird die letzte Phase auch als die der Akzeptanz beschrieben.

Wenn Freude blockiert wird

Freude ist das am meisten gesuchte Gefühl. Während meiner jahrzehntelangen psychotherapeutischen Tätigkeit sind mir immer wieder Menschen begegnet, die eine Blockade in diesem Gefühlsbereich hatten. Besonders deutlich und extrem ist die Freudeblockade bei Menschen mit einer depressiven Erkrankung. Egal was passiert, es will sich kein positives Gefühl einstellen. Auch traumatische Erfahrungen können Freude nachhaltig blockieren.

Viele Erwachsene erleben eher negative Gefühle, weil Freude blockiert ist. Wie bereits erwähnt, können Gefühlsblockaden unterschiedlich stark sein: extrem bei einer depressiven Erkrankung und weniger beim durchschnittlicheren »Konsumbürger«, der wie fast alle Mitteleuropäer an einer milden depressiven Verstimmung leidet. Wie bei der Selbstwertanalyse beschrieben sind es auch hier geheime Programme, die sich nachteilig auf die Stimmung auswirken. Besonders wieder *Ich genüge nicht* und *Ich bin zu kurz gekommen.* Die meisten leben in der Erwartung, dass noch etwas ganz Besonderes kommen muss: ein Lottogewinn, ein großartiges Ereignis, ein besonderes Liebesglück … Dabei vergessen sie, das Leben im Hier und Jetzt in vollen Zügen zu genießen.

Schon kleinen Kindern wird der »Ernst des Lebens« nahegebracht. Sätze wie: *Freu dich bloß nicht zu früh; das wird sowieso nichts; dafür bist du zu klein, zu dumm, zu unbegabt …* Angst, Abwertungen und harte Bestrafungen können das Grundgefühl von Freude nachhaltig stören. Der Anteil der Kinder und Jugendlichen, die eine depressive Störung entwickeln, wächst stetig.

Wer die Freudeblockade auflösen will, ist gut beraten, vermeintlich selbstverständliche, kleine schöne Dinge oder unvorhergesehene, vielleicht ansonsten übersehene Ereignisse im Alltag zu beachten. Die Natur ist eine unerschöpfliche Quelle für Schönheit, Wunder, was mit allen Sinnen wahr- und aufgenommen werden kann: der Geruch von frischem Brot; die Blüte einer fantastischen Blume; der Geschmack von frischem Quellwasser; das Streicheln über die Haut eines geliebten Menschen; die Freude eines Kindes; ein Lächeln, das man anderen schenkt oder geschenkt bekommt; eine positive Nachricht; eine kleine Aufmerksamkeit; eine Liebeserklärung; ein Lob, das man sich selber gibt; etc.

Echte Lebensfreude ist fast immer kostenlos. Wenn man dafür etwas kaufen muss, ist die Freude, der Rausch meist schnell vorbei. Nicht die Reichen und Superreichen gehören zu den glücklichsten Menschen, sondern echte Lebenskünstler, die die wahren Schönheiten, das Wesentliche, die eigene Liebesfähigkeit zu schätzen wissen.

10. Schlussbetrachtung

Das, was für Einzelne gilt, spiegelt sich auch in der Gesellschaft. Wer versucht, die momentane Stimmung in den Industrienationen wahrzunehmen, wird die Angst vor einem globalen Kontrollverlust, sprich vor einem verheerenden Krieg, nicht ignorieren können. Zu viele führende Politiker verfolgen in erster Linie eigene narzisstische Bedürfnisse. Es mangelt an politischer Klugheit und Weitsicht. Das eigentliche Ziel politischer Entscheidungen müsste doch »Glück« sein, und das für viele oder alle. Wie wird ein Volk zufriedener und glücklicher? Deutschland ist Exportweltmeister und nimmt wirtschaftlich eine Spitzenposition ein. Im Ranking der glücklichsten Staaten stehen jedoch andere oben. Eine gerechtere Verteilung des Wohlstandes ist ein drängendes Problem und die Lösung liegt letztlich im Interesse aller. Wie glücklich ein Volk ist, hängt aber nur zu einem geringen Prozentsatz vom Bruttosozialprodukt ab, wobei bittere Armut selbstverständlich nicht glücklich macht. Glücksforscher kommen immer wieder zu dem Ergebnis, dass »Freunde haben« mit zu dem Wichtigsten für ein zufriedenes Leben gehört. Steigender Konsum führt eher zur Vereinsamung, zum Verlust solidarischer Beziehungen, also zu weniger Glück und zu mehr Egoismus. Die Formel »Mehr Geld gleich mehr Glück« ist falsch, egal wie oft dies suggeriert wird. Viel ausschlaggebender als ein reich gefülltes Bankkonto ist die Frage, wie es gelingt, das Selbstwertgefühl zu regulieren. Dafür, dass dies vielen immer weniger gelingt, gibt es bedenkliche Anzeichen.

Die Zunahme von Verrohung und Aggressivität in der Realität sowie in den sozialen Medien ist ein deutlicher Hinweis, dass es immer mehr Menschen nicht gelingt, sich gleichwertig, selbstwirksam und auf Augenhöhe mit anderen zu fühlen. Wer andere mobbt, versucht sich ein Gefühl der Überlegenheit zu verschaffen, glaubt, über anderen zu stehen, zeigt in Wirklichkeit jedoch nur seine Bedürftigkeit. Die einzig vernünftige Frage lautet, warum er das nötig hat.

Wer sich in die Haut eines Reichen hineinfühlt, der viel Geld an der Steuer vorbei in ein ausländisches Versteck geschleust hat, wird nicht wirklich tauschen wollen. Er müsste jeden Morgen gegen 6 Uhr befürchten, dass ein Einsatzkommando ihn verhaftet, mit der Perspektive, dass er über längere Zeit kein freier Mensch mehr ist.

Quer durch alle sozialen Schichten gehen Werte wie Solidarität, Mitgefühl, Gerechtigkeit verloren. Wenn Feuerwehrleute, Notärzte, Polizisten und ähnliche Helfer/Helferinnen, auch Journalisten mutwillig angegriffen werden, ist dies besorgniserregend, es sind Anzeichen einer kränker werdenden Gesellschaft.

Der Untergang des Römischen Reiches war begleitet von typischen Kontrollverlusten: In der Oberschicht war es modern, sich stundenlang, eventuell tagelang in ein Bad zu setzen. Nicht selten führte dies zum Ableben der Badenden, da der Körper diese Tortur dauerhaft nicht erträgt. Weiterhin war es üblich, Essen in riesigen Mengen zu sich zu nehmen und mit einer Feder Erbrechen herbeizuführen. Das Krankheitsbild der Bulimie war in der Oberschicht weit verbreitet. Die dritte Auffälligkeit waren Jugendbanden, die durch die Straßen zogen und alles kurz und klein schlugen. Das Römische Reich ist in erster Linie an innerem Zerfall zugrunde gegangen.

Der einzige mir bekannte Staat, der Glück als Staatsziel für seine Bürger in seine Verfassung aufgenommen hat, ist Bhutan, ein buddhistisches Königreich im Himalaja. Sich um eine gerechtere Verteilung des Vermögens zu kümmern ist wichtig, reicht jedoch nicht aus. Aus psychologischer Sicht ist es erforderlich, aktive Psychoedukation zu betreiben und Psychologie als verpflichtendes Schulfach einzuführen. Bereits seit 1993 ist in Dänemark »Empathie« ein Schulfach für Schüler von 6 bis 16 Jahren. Fast kein Schülerleben verläuft ohne Ängste und Sorgen. Wenn diese Gelegenheit haben, Probleme in einer Gruppe zu besprechen, werden sie spüren, dass sie mit ihren Nöten nicht alleine sind. Viel mehr als das Bruttosozialprodukt zählt das Glück des/der Einzelnen. Dänemark steht seit einigen Jahren immer vorne im Ranking der glücklicheren Staaten.

Sinnvoll wäre, wenn bereits Schülerinnen und Schüler das Krankheitsbild des pathologischen Narzissmus vermittelt würde. Sie sollten in die Lage versetzt werden zu erkennen, wenn jemandem nicht das Wohl aller, sondern nur der eigene Vorteil und der Zugewinn an Macht als Ziel gilt. Besonders Personen mit einer typisch narzisstischen Persönlichkeitsstörung sind von Positionen, die Macht versprechen, besonders fasziniert und glauben, hier die Lösung für ihr Selbstwertproblem zu finden. Die Historie zeigt, dass gerade diese Persönlichkeitsstörung für Machtmissbrauch, Krieg, Unruhen und unendliches Elend verantwortlich ist. Da diese Menschen über große manipulative Fähigkeiten verfügen, ist Aufklärung die einzige Möglichkeit, einen Schutzwall aufzubauen. Man darf ihnen nicht auf den Leim gehen, wenn sie versuchen, Emotionen zu schüren, etwa nach dem Motto: *»Ich kann deinen Selbstwert steigern, lass dir nicht die Butter vom Brot nehmen, du gehörst zu einer besonderen Klasse, deine Rasse steht über anderen …«*

Ein sanfter Wechsel des Paradigmas in der Politik hin zu dem Fokus, wie das persönliche Glück der Menschen zu fördern ist, wie sie zufriedener werden und ihr Potenzial besser nutzen können, ist eine Aufgabe aller politischer Kräfte. Die Methode, die hier zum Zuge käme, wäre Psychoedukation. Gemeint ist Aufklärung über psychologische Zusammenhänge, die so dargestellt werden, dass jeder sie versteht. Argumente könnten überzeugen und Menschen veranlassen, für das eigene Leben Verbesserungen vorzunehmen. Nur wer Vorteile für sich selbst erkennt, wird sich bemühen. Die Aufklärung darüber, wie das Selbstwertgefühl sich entwickelt, wie man es beeinflussen kann, sollte zum natürlichen selbstverständlichen Allgemeinwissen werden. Die Suggestionen der Konsum- und Leistungsgesellschaft, dass Leistung das Selbstwertgefühl verbessert, ist falsch. Leistung kann Freude bereiten, ein schlechtes Selbstwertgefühl jedoch nicht heilen. Konsum macht nicht wirklich satt, denn er kann den Hunger nach Liebe nicht stillen.

Die Welt wäre ein viel besserer Ort, wenn es jedem Einzelnen gelingen würde, sein Selbstwertgefühl positiv zu organisieren: anstelle negativer innerer Programme positive zu setzen. Menschen würden sich friedlicher und auf Augenhöhe begegnen.

Anhang

In den westlichen Gesellschaften waren und sind drei Suchtmittel dominant: Alkohol/Drogen, Arbeiten und Essen. Wir leben in einer latent süchtigen Gesellschaft, in der die Suchtkranken die eigentlichen Symptomträger sind. In den letzten Jahren sind die sozialen Medien, insbesondere das Smartphone, als Suchtmittel hinzugekommen. Exemplarisch werden im Folgenden die Esssucht und die Kaufsucht beschrieben. Von großem Interesse sind auch neuere Forschungen zu psychedelischen Drogen und Manipulationen im Internet, z. B. Love-Scamming.

Der Kontrollverlust über Essen

In einer Überflussgesellschaft ist der Umgang mit Essen für viele Menschen problematisch. Viele leiden unter Essstörungen. Millionen Betroffene kämpfen gegen ihr Übergewicht, sie entsprechen nicht den gängigen Idealbildern, dies wiederum beeinflusst das Selbstwertgefühl, ist aber vergleichsweise harmlos. Bei den meisten Menschen sind die gebrochenen Vorsätze nach dem Motto *»Ich habe zu viel gegessen, ich habe wieder gesündigt …«* kein wirkliches Problem. Das ist beim sogenannten Binge-Eating anders. Betroffene müssen extreme Mengen Nahrung in sich hineinstopfen, ohne dies noch willentlich beenden zu können. Da das Sättigungsgefühl ausbleibt, muss bis an die absolute körperliche Grenze gegessen werden. Ein Betroffener beschreibt dies so: *»Wenn ich mich vollgefressen habe, bin ich ganz steif, kann mich nicht mehr bewegen.«* Die psychischen Folgen sind extrem: Schuldgefühle, Depression, Existenzängste, Suizidgedanken, Verlust des Antriebs.

Um die Hintergründe zu verstehen, ist es sinnvoll, die drei Funktionen von Essen genauer zu untersuchen. Die erste Funktion ist, den Körper mit den lebensnotwendigen Stoffen zu versorgen: Kohlehydrate, Eiweiße, Vitamine und Spurenelemente. Die zweite Funktion des Essens ist der Genuss. Essen ist Kultur und vermittelt Lebensfreude. Die dritte Funktion ist ebenfalls leicht zu erkennen: Mit Essen kann man sich beruhigen, auch trösten, Langeweile und Ärger vertreiben. Eventuell entsteht der Eindruck, dass Frust sich mithilfe von Essen besser ertragen lässt. Emotionale Probleme kann man mit Essen jedoch nicht lösen. Für viele Menschen wird Essen zum Problem. Sie missbrauchen es, um ihre Stimmung zu beeinflussen. Wird dies immer wieder und häufig praktiziert, kann es zum Kontrollverlust kommen. Jeder Kontrollverlust verstärkt die Eigendynamik, die tiefer in die Esssucht führt. Das Leben wird immer qualvoller und hoffnungsloser. Betroffene fühlen sich den »Fressattacken« willenlos ausgeliefert.

Frau H., eine esssüchtige Patientin, berichtet, dass sie ihrem zweijährigen Kind das Brot in kleine Quadrate schneidet, damit es sie besser essen kann. Wenn das Kind nicht alle aufisst, darf sie es sich nicht erlauben, diese aufzuessen, weil dies wieder einen Kontrollverlust auslöst, mit den üblichen Folgen.

Die Behandlung der Esssucht ist von vielen Misserfolgen begleitet. Viele Bemühungen scheitern, weil sie nicht konsequent durchgehalten werden. Im Gegensatz zu Alkoholkranken, die völlig auf Alkohol verzichten können, kann Essen nicht ganz und gar entsagt werden. Allerdings ist es möglich, ein »Abstinenzverhalten« einzuüben und dauerhaft zu installieren. Dies bedeutet, dass Essen nicht mehr missbraucht wird, um Gefühle zu manipulieren. Essen dient in erster Linie der Ernährung des Körpers und soll natürlich auch schmecken. Beispielsweise werden regelmäßig drei Mahlzeiten eingenommen, morgens, mittags und abends. Der Umfang der Mahlzeiten ist beschrieben als »normale Portionen«, nicht zu klein, nicht zu groß. Der »Entzug« von Essen dauert ca. eine Woche, dann hat der Körper das neue Schema gelernt und Hungergefühle zwischendurch verschwinden.

Für viele Esssüchtige ist Zucker eine Droge, daher ist es für sie fast immer ratsam, auf Zucker völlig zu verzichten. Da das alte Muster nicht gelöscht, lediglich momentan nicht bedient wird, besteht die Möglichkeit, es mittels rückfälligem Verhalten jederzeit erneut zu aktivieren. Betroffene müssen glauben, dass wahlloses Essen zurück in die esssüchtigen Strukturen führt. Sie wissen es, wenn sie wieder versuchten, wahllos zu essen, und dies wiederum zu einem Kontrollverlust führte.

Mit »abstinentem Essen« ist das Symptom zum Stillstand gebracht. Die Frage, die sich unweigerlich stellt, lautet: Wie konnte es zu diesem Symptom kommen, was hat gefehlt, was sollte ich ändern? Bei der Bearbeitung der Selbstwertanalyse wird deutlich werden, dass Essen zu einem *Gegenprogramm* wurde.

Bulimie

Unmittelbare Erleichterung verschaffen sich viele Esssüchtige, indem sie die Nahrung nach einem Essanfall wieder erbrechen. Leicht geraten sie in einen neuen, zusätzlichen Teufelskreis: Das Erbrechen wird zum Zwang. Es kommt zwar nicht zu einer starken Gewichtszunahme, aber der Kontrollverlust über Erbrechen ist die Folge. Betroffene schildern dies z. B. so: *Wie von einer Stahlplatte wird die aufgenommene Nahrung wieder hinausgepresst.* Das häufige Erbrechen führt zu einem Elektrolytmangel, der lebensgefährlich werden kann, zu Entzündungen in der Speiseröhre und zu schwarzen Zähnen, da die Magensäure den Zahnschmelz angreift.

Die Behandlung der Bulimie ist schwierig, da Betroffene lernen müssen, ihr Essverhalten zu korrigieren und dem Drang des Erbrechens zu widerstehen. Aus Scham über den Kontrollverlust gehören Lügen und Selbstbetrug zum Alltag. Erfolg wird sich nur einstellen, wenn absolute Ehrlichkeit, insbesondere bei rückfälligem Verhalten gegeben ist. Die Strategie besteht darin, nur kleine Mengen zu essen (größere Mengen führen unweigerlich wieder zum Erbrechen) und gleich nach der Mahlzeit einen Spaziergang zu machen, bis der Drang zu erbrechen verschwunden ist. Antidepressiva können den Prozess, wieder ein normales Essverhalten zu erreichen, unterstützen, sind bei Bulimie allein jedoch wirkungslos. Nach der Korrektur des Essverhaltens schützt abstinentes Essen vor Rückfällen.

Magersucht (Anorexia nervosa)

Da es in der Geschichte der Menschheit immer wieder Hungerperioden gab, war es wichtig, dass der Körper trotz mangelnder Nahrung leistungsfähig blieb. Ein genialer Trick des Körpers hilft in diesem Fall beim Überleben: Er produziert körpereigene, psychoaktive Substanzen, die ähnlich wie Amphetamin eine stark aufputschende Wirkung haben. Die körpereigenen Drogen halfen, trotz Nahrungsmangel leistungsfähig zu bleiben. Mit exzessivem Hungern bringen Magersüchtige ihren Körper dazu, diese körpereigene Droge zu produzieren. Magersüchtige und Amphetaminabhängige zeigen ganz ähnliche Symptome.

Auch hinter der Magersucht steckt in der Regel ein gestörtes Selbstwertgefühl. Während Essen ein Beruhigungsmittel ist, ist Hungern ein Aufputschmittel.

Magersüchtige fühlen sich stark, unangreifbar, überlegen und unverletzlich. Dies scheint der perfekte Schutz für ihr schwaches, verletzliches Selbst zu sein. Magersüchtige erleben einen Kontrollverlust in der Weise, dass sie mit dem Hungern nicht mehr aufhören können. Durch normales Aufnehmen von Nahrung wird die körpereigene Drogenzufuhr unterbrochen, die aufputschende Wirkung bleibt also aus, sodass der Körper jetzt mit Entzugserscheinungen in Form tiefer depressiver Verstimmung und extremer Antriebslosigkeit reagiert. Magersüchtige sind außergewöhnlich aktiv, lernen Bücher auswendig, joggen und arbeiten scheinbar, ohne müde zu werden. Körperlich ist die Störung lebensbedrohlich. Für den völlig ausgehungerten Körper kann jede Infektion tödlich enden.

Die Behandlung der Magersucht ist schwierig, da es für Betroffene extrem qualvoll ist, in ein normales Essverhalten zurückzukehren. Die Entzugserscheinungen lassen sich mit Antidepressiva mildern. Auch bei der Magersucht ist es wichtig, sich an Abstinenzregeln zu halten und Mahlzeiten regelmäßig einzunehmen. Die Behandlung der Selbstwertstörung ist erst möglich, wenn das Essverhalten korrigiert ist.

Der Kontrollverlust über Kaufen

Der Kontrollverlust über Kaufen ist extrem häufig. Experten gehen davon aus, dass 6 bis 8 Prozent der Menschen in Deutschland kaufsüchtig sind. Betroffen sind vorwiegend Frauen. Dabei handelt es sich um eine ernste Störung, die behandlungsbedürftig ist.

Wie bei allen Süchten beginnt das Problem mit dem Missbrauch von Gefühlen. Beim Kaufen wird das Belohnungssystem im Gehirn aktiviert, was zunächst zu einem Glücksgefühl führt. Kaufsüchtige leiden unbewusst unter einem Mangel an Zuneigung und Liebe. Dies versuchen sie zu kompensieren, indem sie sich selbst belohnen.

Wird dieses Gefühl gesucht, um Frust, Ärger, Kummer, Sorgen, Leere, Langeweile und Minderwertigkeitsgefühle zu überdecken, besteht die Gefahr, dass die Glücksgefühle beim Kaufen auf Dauer immer schwächer werden. Dies bedeutet, dass man mehr kaufen muss, um die gleichen Hochgefühle zu erreichen. Im weiteren Verlauf der Krankheit wird es immer schwieriger, positive Gefühle durch Kaufen zu erzeugen, egal wie viel erworben wird. Dies führt jedoch nicht dazu, dass weniger gekauft wird, im Gegenteil, es wird immer mehr, da es immer länger dauert, bis eine emotionale Wirkung spürbar ist. Man wird nicht mehr »satt«, es kommt leicht zu einem Kontrollverlust, zu regelrechten Kaufräuschen. Wie in einer Trance laufen Prozesse automatisch ab. »Irgendwie« weiß der Betroffene, dass sein Verhalten falsch ist, jedoch sieht er keine Chance, die süchtigen Mechanismen zu stoppen. Manchmal bedarf es äußerer Umstände – etwa: das Geld reicht nicht mehr oder der Dispo ist überzogen –, um den Exzess zu beenden. Auf den »Rausch folgt der Kater« in Form von Selbstvorwürfen, innerer Zerknirschung und tiefen Schuldgefühlen. Eine depressive Verstimmung ist die Folge, die unterschiedlich lange andauert. Vor allem wird das Selbstwertgefühl beschädigt und damit der Nährboden für weitere Kontrollverluste gelegt. Es handelt sich um einen Teufelskreis, der die süchtige Dynamik immer wieder in Gang setzt. Vor dem Hintergrund des quälend schlechten Selbstwertgefühls wird wieder eine Erleichterung gesucht: in erneutem Kaufen. Kaufen hat den Charakter einer Droge bekommen.

Kaufsüchtige leiden extrem unter ihrem Kontrollverlust. Sie können etwa kein Geschäft betreten, ohne etwas (Unsinniges) zu kaufen. Meist sind sie verschuldet, können beispielsweise Bestellungen, die sie im Internet getätigt haben, nicht bezahlen. Sie versuchen, ihre Sucht zu verheimlichen, und leiden unter der Angst, entdeckt zu werden. Die Flucht in Tagträume und unrealistische Fantasien helfen nicht wirklich; denn ein tiefes Gefühl von Hoffnungslosigkeit und daraus resultierender Angst bestimmt das Leben. Dem Kontrollverlust ausgeliefert zu sein, verursacht immer Panik und Verzweiflung. Nicht selten kommt es zu weiteren Suchtkrankheiten, da die negativen Stimmungen z. B. mit Alkohol und/oder Beruhigungsmitteln (Benzodiazepinen) bekämpft werden. Vor dem Hintergrund der labilisierten Persönlichkeit kommt es auch hier bald zu Kontrollverlust und damit zur Suchtentwicklung auch über Alkohol u. Ä. Das psychische Elend verschärft sich dramatisch. In der Partnerschaft kommt es zu Streit und Auseinandersetzungen. Letztlich wird jeglicher Versuch, z. B. des Partners, das Suchtverhalten zu stoppen, scheitern müssen.

Erklärsysteme

Wie alle Suchtkranken versuchen auch Kaufsüchtige, ihr Verhalten mit allen ihnen zur Verfügung stehenden Mitteln zu rechtfertigen. Meist gelingt dies während der Anfangsphase der Sucht besser. Eine mögliche Rechtfertigung ist, dass man Geschenke kauft, auch für Gelegenheiten, die noch weit in der Zukunft liegen. (Bei einer Kaufsüchtigen war der

Keller mit Geschenken zugestellt.) Sonderangebote sind beliebte Objekte für Betroffene, damit lässt sich auch der Kauf erklären: *Man hätte es nicht verpassen dürfen, die Chance gibt es nicht noch mal …*

Die Behandlung der Kaufsucht

Die Behandlung einer Suchtkrankheit beginnt immer mit einer Selbstdiagnose, es bedarf der Krankheitseinsicht. Betroffene müssen ihre Krankheit selbst erkennen. Es ist völlig gleichgültig, wenn Partner oder Therapeuten die Diagnose stellen. Der Weg zur Krankheitseinsicht, der vielen Betroffenen extrem schwerfällt, führt über viele Rückfälle, Täuschungen, Verleugnungen, Selbstbetrug und Lügen – das gehört zur Krankheit. Dies ist unschwer daran zu erkennen, dass nahezu alle Betroffenen diesen steinigen Weg gehen müssen, bevor es zu einer Wende kommen kann.

Die Tatsache, die Kontrolle über sein Kaufverhalten verloren zu haben, ist besonders beschämend und mindert das Selbstwertgefühl. Das Teuflische an der Sucht ist, dass es mitunter den Anschein gibt, dass sie verschwunden sei, etwa weil es einmal nicht zu einem Kontrollverlust oder Kaufrausch kam. Wenig später schlägt die Krankheit wieder unerbittlich zu, in Form von erneuten Exzessen. Wie bei allen Süchten geht es zentral darum, dass Betroffene kapitulieren und einsehen, dass sie krank sind. Diesen Kontrollverlust über das Kaufverhalten zu akzeptieren, fällt schwer, obwohl er unsägliches Leid verursacht hat. Es bedarf der Einsicht, dass es sich um eine Krankheit handelt. Erst wenn Betroffene wieder im Kaufrauschmodus viel zu viel kaufen, ist die Gewissheit zurück, dass sie keine Kontrolle haben.

Das Suchtgedächtnis, das auch bei Kaufsüchtigen aktiv ist, bringt Betroffene dazu, dem Kaufen eine völlig überwertige Bedeutung zu geben. Das Leben scheint sich nur noch hier abzuspielen. Abstinenz fällt daher schwer. Dies lässt sich ändern, wenn die Aufmerksamkeit auf andere Dinge des Lebens verlagert wird und Kaufen nicht mehr als Problemlöser missbraucht wird. Oft hilft ein Ortswechsel mit neuen, anderen Reizen. Auch hier gilt es, das »Schloss auszutauschen« und völlig andere Lebensinhalte in den Vordergrund zu stellen. Was hat wirklich gefehlt? Welche destruktiven inneren Programme sind zu erkennen? Mit großer Wahrscheinlichkeit wird das Programm *Ich bin zu kurz gekommen* zu identifizieren sein.

Psychedelische Drogen

Zu einem Buch über Kontrollverluste gehört auch, über psychedelische Drogen zu berichten. Ein heikles Thema, denn sie gelten als gefährlich und sind verboten. Unter der Wirkung von LSD gibt es den extremen Kontrollverlust schlechthin. Konsumenten geraten in psychotische Zustände, erleben unwirkliche Gefühle und außergewöhnliche visuelle Wahrnehmungen. Die Berichte über Suizide und Psychosen sind beängstigend. Daneben beschäftigt sich die neuere Forschung ebenfalls mit diesen Vorgängen und beschreibt erstaunliche Phänomene. Teilweise sind sie sehr beeindruckend und können offensichtlich bei schweren Störungen helfen.

Drogen begleiten die Geschichte der Menschen. Archäologen finden immer ältere Hinweise auf Drogenkonsum, etwa der Menschen in der Steinzeit und noch früher. Fast alle Drogen stammen aus der Natur, z. B. Cannabis, Kokain, Alkohol, Nikotin und Pilze. Für den Körper sind Drogen immer Gifte, die eine stimulierende Wirkung erzeugen. Dem Chemiker Albert Hofmann gelang durch Zufall die Synthetisierung des Lysergsäurediethylamid, landläufig als LSD bezeichnet. Erst als er eine kleine Menge selbst zu sich nahm, verstand er die wundersame, aber auch beängstigende Wirkung. Eine sehr ähnliche Wirkung wie LSD hat Psilocybin, ein kleiner brauner Pilz, der schon seit vielen Tausend Jahren von den Ureinwohnern Südamerikas als spirituelle Medizin benutzt wurde. Diese sogenannten *Magic Mushrooms* erzeugen seltsame Visionen, die vor allem eins sind: extrem beeindruckend.

Beide Mittel wurden vor allem in der Hippie-Bewegung konsumiert. Einige Forscher kamen zu der Überzeugung, dass Psilocybin Menschen erst zu Hippies macht. LSD wurde verboten, nachdem bekannt wurde, dass es bei Konsumenten zu Psychosen und Suiziden gekommen war.

Wenn man sich mit den Beschreibungen von Trips, die Konsumenten erlebten, beschäftigt, gelangt Licht in das Dunkel. Vor allem wenn diese Substanzen als Medikament eingesetzt werden, um Störungen und Krankheiten zu behandeln, werden erstaunliche Effekte erzielt.

Krebspatienten

Menschen, die den nahen Tod vor Augen haben, leiden meist extrem unter Angst. Sie werden von Albträumen geschüttelt und sind nicht selten depressiv verstimmt. In einigen kontrollierten Studien wurde diesen hoffnungslosen Menschen Psilocybin verabreicht, sie sollten einen Trip

haben. Sie beschrieben die Reise, die sie machten, als extreme Erfahrung, meist mit spirituellen Inhalten. Das eigene Ich löste sich auf und sie fühlten sich plötzlich eins mit dem Universum. Überwältigt von starken Emotionen kamen sie zurück in die Realität, wo die Angst vor dem Tod wie ausgelöscht war. Sie sahen ihrem Ende heiter entgegen und akzeptierten die Tatsache, dass sie bald sterben würden. Die meisten gaben an, dass sie die Erfahrung als eine der wichtigsten in ihrem Leben betrachteten. Die Wirkung war davon abhängig, wie stark die mystische Erfahrung war. Es gibt den Verdacht, dass sich die Psyche nach einem Trip neu formatiert. Auch hier wird das Schloss auf radikale Weise ausgetauscht. Wichtig ist, dass Menschen professionell begleitet werden, von Therapeuten/Therapeutinnen, die Erfahrung mit den Substanzen haben.
Die Forschung hat die Bedeutung der Absicht, mit der ein Mensch Psilocybin konsumiert, als meist maßgeblich für die Entwicklung und Gestaltung des Trips identifiziert. Auch die Begleitung durch einen erfahrenen Therapeuten ist ganz offensichtlich wichtig. Nicht immer verlaufen die Psilocybin-Sitzungen so reibungslos wie gewünscht, Horrortrips sind möglich.
Sehr ähnliche Ergebnisse brachten Psilocybin-Behandlungen bei behandlungsresistenten Depressionspatienten. Die chronifizierten Strukturen konnten aufgebrochen werden. Bei den meisten verbesserte sich die Stimmung und hielt auch über einen längeren Zeitraum an. Auch hier war die Intensität der Erfahrung entscheidend.
In Studien konnte gezeigt werden, dass kurioserweise auch Suchtkranke von den Trips profitieren konnten. Ihnen eröffneten sich neue Perspektiven.
Angesichts der Erfolge in schweren und eigentlich hoffnungslosen Fällen erscheinen weitere kontrollierte Studien sinnvoll.

Kontrollverlust und Digitalisierung

Das Internet ist aus unserer Welt nicht mehr fortzudenken. Die offensichtlichen Vorteile schneller Datenübermittlung hat Wissenschaft und wirtschaftlichen Fortschritt enorm beschleunigt und wird dies noch immer schneller tun. Gleichzeitig entwickelt sich ein Monster, das nicht wenige Wissenschaftler für gefährlich halten, das außer Kontrolle geraten kann, die Gesellschaft und auch die Welt als ganze bedroht. Offensichtlich sind demokratische Strukturen in Gefahr.

Love-Scamming

Wie leicht auch kluge Menschen beeinflusst werden, wenn man sie bei ihren Urbedürfnissen packen kann, zeigen Beispiele von »Love-Scamming«. *Scam,* aus dem Englischen, bedeutet auf Deutsch so viel wie »Betrug, Schwindel, Masche«, in kriminologischer Sprache »Vorschussbetrug«. Zunächst möchte man es nicht glauben, dass es möglich ist, hohe Geldsummen zu ergaunern, wenn es gelingt, mit »Liebesbriefen«, die in einem Chat ausgetauscht werden, eine suchtartige Beziehung herzustellen. Anfällig sind einsame Menschen, die im Internet zunächst nur Unterhaltung suchen. In Fällen von Love-Scamming findet sich ein Gegenüber, das mit traumwandlerischer Sicherheit die tiefsten Bedürfnisse erspürt und liebevoll beantwortet. Das Opfer wird suggestiv in eine immer engere und innigere Vertrautheit hineingeleitet. Ist diese Tiefe hergestellt, wird das Opfer mit den angeblichen finanziellen Problemen des Täters konfrontiert. Da sich dieser in existenziellen Nöten befinden soll, möchte man ihm helfen. Einem Mann wurden mit dieser Masche fast 220.000 Euro abgenommen. Als seine Ersparnisse aufgebraucht waren, sollte er einen Kredit aufnehmen, was er nach einigem Zögern auch tat. Als ihm der Schwindel bewusst wurde, geriet er in eine existenzielle Krise und wollte sich umbringen. Nur mit psychotherapeutischer Hilfe gelang es ihm, zumindest zunächst das Überleben zu sichern. Das Schlimmste war der Verrat: Man hatte sich in seine Psyche geschlichen und sein Vertrauen schamlos missbraucht. Der materielle Verlust war das weniger große Problem.

Wer glaubt, dass dies nur einfältigen Personen passieren kann, hat nicht verstanden, wie manipulierbar jeder Mensch ist. Täter docken an das Selbstwertgefühl an, mit Botschaften wie: *Du bist der wichtigste Mensch für mich; du bist unendlich wertvoll; du bist einzigartig; wer dein Freund ist, muss sich glücklich schätzen, niemand hat die Fähigkeit, mich so wie du zu verstehen …* Viele sind bedürftig und lassen sich dazu verführen, den Schmeicheleien zu glauben. Die Betrüger nehmen Anteil an den persönlichen Sorgen und Schwierigkeiten, heucheln Verständnis und finden genau die Worte, die man braucht. Auf diese Weise schleichen sie sich regelrecht in die Seele.

Die Folge ist eine emotionale Abhängigkeit, die zur Aufgabe der kritischen Selbstkontrolle führt. Man will nicht auf die täglichen Liebesbotschaften verzichten. Wer angefangen hat, Geld zu investieren, kann nicht mehr damit aufhören. Die Angst, dass der Faden reißt und das Gegenüber enttäuscht sein könnte, ist viel zu groß. Man müsste sich eingestehen, dass man einfältig und leicht verführbar ist – es darf nicht sein, was nicht sein soll. Wieder gilt an dieser Stelle, dass es Dinge in jedem Menschen gibt, die stärker sind als er selbst. Der schwierige Akt ist immer, sich selbst zu verzeihen, dass man auf Betrüger hereingefallen ist.

Eine große Gefahr geht auch von der künstlichen Intelligenz aus. Mithilfe von Algorithmen lassen sich im großen Stil Menschen identifizieren, die für derartige Manipulationen empfänglich sind; und eventuell haben diese es dann gar nicht mehr mit einem Menschen als Gegenüber zu tun, sondern mit einer Maschine, einem Computer, der die Kunst der Manipulation noch perfekter beherrscht.

Anmerkungen

1 Alle Fallbeispiele stellen eine exemplarische Mischung aus Fiktion und Realität dar. Der Name und alle weiteren personenbezogenen Details wurden zum Zweck der Anonymisierung verändert.

2 Diese Erkenntnis verdanken wir besonders dem Hirnforscher Joseph LeDoux. Siehe z. B.: LeDoux, J.: *Das Netz der Gefühle: Wie Emotionen entstehen.* dtv, München 2001.

3 Goleman, D.: *Emotionale Intelligenz.* Carl Hanser, München 1986.

4 Diese Übung stammt aus der metakognitiven Therapie. Das Ziel ist, die eigenen gedanklichen Prozesse besser zu steuern.

5 Vgl.: Lyubomirsky, S. / Nolden-Hoeksema, S.: Effects of self-Fokused rumination on negative thinking and interpersonal problem solving. *Journal of Personality and Social Psychology*, 69, 2001, S. 176–190.

6 Siehe zu dem Thema bspw. Kabat-Zinn, J.: *Gesund durch Meditation: Das große Buch der Selbstheilung durch MBSR.* Knaur, München 2011; sowie Singer, W. / Ricard, M.: *Hirnforschung und Meditation: Ein Dialog.* Suhrkamp, Frankfurt a. M. 2008.

7 Röhr, H.-P.: *Erholung beginnt im Kopf. Tiefenentspannung durch Alpha-Relaxing.* 7. Aufl. Patmos, Ostfildern 2019.

8 Das Zitat wird Max Liebermann zugeschrieben. Im Internet zu finden unter: https://de.wikiquote.org/wiki/Max_Liebermann [Zugriff 9.6.2020].

9 Rosenberg, M. B.: *Konflikte lösen durch gewaltfreie Kommunikation.* Herder, Freiburg i. Br. 2004.

10 Eine ausführliche Beschreibung der Selbstwertanalyse findet sich in: Röhr, H.-P.: *Die Kunst, sich wertzuschätzen. Angst und Depression überwinden – Selbstsicherheit gewinnen.* 9. Aufl. Patmos, Ostfildern 2019.

11 »Gesundheit ist ein Zustand des vollständigen körperlichen, geistigen und sozialen Wohlergehens und nicht nur das Fehlen von Krankheit und Gebrechen«, so lautet der erste Absatz der Satzung der WHO, unverändert seit 1946. Im Internet auf Englisch verfügbar unter: https://apps.who.int/gb/bd/PDF/bd47/EN/constitution-en.pdf [Zugriff: 2.6.2020].

12 Die typische Gedankenwelt des Depressiven wurde schon ausführlich in Kapitel 3 »Kontrollverlust über Sorgen – Grübeln« besprochen, siehe v. a. das letzte Unterkapitel »Der Kontrollverlust über

negative Gefühle – Depression«. Eine Beschreibung der hier nicht aufgeführten Persönlichkeitstypen findet sich außerdem in: Röhr, *Die Kunst, sich wertzuschätzen.*

13 Eine ausführliche Beschreibung der Störung und der Therapie findet sich in: Röhr, H.-P.: *Borderline bewältigen. Hilfen und Selbsthilfen.* 4. Aufl. d. Neuausgabe. Patmos, Ostfildern 2019.

14 Eine ausführliche Beschreibung der Störung findet sich in: Röhr, H.-P.: *Narzissmus. Dem inneren Gefängnis entfliehen.* 8. Aufl. d. Neuausgabe. Patmos, Ostfildern 2019.

15 Eine ausführliche Beschreibung der Störung findet sich in: Röhr, H.-P.: *Die Angst vor Zurückweisung. Was Hysterie wirklich ist, und wie man mit ihr umgeht.* Neuausgabe. Patmos, Ostfildern 2018.

16 Eine ausführliche Beschreibung der Persönlichkeitsstörung findet sich in: Röhr, H.-P.: *Wege aus der Abhängigkeit. Belastende Beziehungen überwinden.* 5. Aufl. d. Neuausgabe. Patmos, Ostfildern 2019.

17 Nicht selten haben Frauen, die misshandelt werden, berechtigte existenzielle Ängste. Sie befürchten, umgebracht zu werden, wenn sie den Partner verlassen. In diesen Fällen ist eine Flucht zu planen und mit Unterstützung durchzuführen. Wichtiger als alles andere ist, das eigene Leben zu retten. Unterstützung finden Betroffene z. B. bei dem kostenfreien Hilfetelefon »Gewalt gegen Frauen« (0800 0116 016), wo sie sich jederzeit anonym, kompetent, sicher und barrierefrei beraten lassen können. Weitere Informationen auch unter: https://www.hilfetelefon.de/das-hilfetelefon.html [Bundesamt für Familie und zivilgesellschaftliche Aufgaben, Zugriff: 23.7.2020].

18 Bibliotherapie ist eine Methode, die mithilfe von leicht verständlichen Texten Betroffene in die Lage versetzen, ihre Probleme besser zu verstehen.

19 Es gibt verschiedene Modelle, um den Trauerverlauf zu beschreiben. Meist werden vier bis fünf Stufen, Phasen oder auch Aufgaben unterschieden, die im Trauerprozess durchlaufen werden. Vgl. z. B. Butollo, W. / Pfoh, G.: *Wenn Zeit allein nicht heilt. Komplizierte Trauer begleiten.* Patmos, Ostfildern 2016, S. 25–36.

20 Pennebaker. J. W.: *Heilung durch Schreiben.* 2., unveränd. Aufl. Hogrefe, Göttingen 2019.

Literatur

Bachmann, M. / Röhr, H.-P.: *Exzessive Verhaltensweisen und Gedanken als Suchtmittel.* Unveröffentlichtes Manuskript, 1983.

Bachmann, M. / Röhr, H.-P.: Alkoholismus – Esssucht – Magersucht. Ein Vergleich. In: *Psychother.med.Psychologie.33* (1983), Georg Thieme, Stuttgart /New York 1983, S. 111–116.

Butollo, W. / Pfoh, G.: *Wenn Zeit allein nicht heilt. Komplizierte Trauer begleiten.* Patmos, Ostfildern 2016.

Ellis, A.: *Training der Gefühle. Wie Sie sich hartnäckig weigern, unglücklich zu sein.* Mvg, München 2000.

Ennenbach, M.: *Buddhistische Psychotherapie.* Windpferd, Oberstdorf 2010.

Ferenczi, S.: Sprachverwirrung zwischen dem Erwachsenen und dem Kind. In: *Schriften zur Psychoanalyse,* Bd. II. Fischer, Frankfurt a. M. 1972.

Frankl, V. E.: *Ärztliche Seelsorge. Grundlagen der Logotherapie und Existenzanalyse.* Fischer, Frankfurt a. M. 1985.

Fromm, E.: *Authentisch leben.* Herder, Freiburg i. Br. 2000.

Goleman, D.: *Emotionale Intelligenz.* Carl Hanser, München 1986.

Kabat-Zinn, J.: *Gesund durch Meditation: Das große Buch der Selbstheilung durch MBSR.* Knaur, München 2011.

LeDoux, J.: *Das Netz der Gefühle: Wie Emotionen entstehen.* dtv, München 2001.

Linehan, M.: *Dialektisch-Behaviorale Therapie der Borderlinestörung: DBT Therapiebuch.* Psychosozial-Verlag, Gießen 2008.

Lyubomirsky, S. / Nolden-Hoeksema, S.: Effects of self-Fokused rumination on negative thinking and interpersonal problem solving. In: *Journal of Personality and Social Psychology*, 69, 2001, S. 176–190.

Mentzos, S.: *Neurotische Konfliktverarbeitung.* Fischer, Frankfurt a. M. 2003.

Pennebaker. J. W.: *Heilung durch Schreiben.* 2., unveränd. Aufl. Hogrefe, Göttingen 2019.

Pollan, M.: *Verändere dein Bewusstsein – Was uns die neue Psychedelik-Forschung über Sucht, Depression, Todesfurcht und Transzendenz lehrt.* Kunstmann, München 2019.

Rahn, E. / Mahnkopf, A.: *Lehrbuch der Psychiatrie.* Psychiatrie-Verlag, Bonn 1999.

Rogoll, R.: *Nimm dich, wie du bist. Wie man mit sich einig werden kann.* Herder, Freiburg i. Br. 1991.

Röhr, H.-P.: *Die Angst vor Zurückweisung. Was Hysterie wirklich ist, und wie man mit ihr umgeht.* Neuausgabe. Patmos, Ostfildern 2018.

Röhr, H.-P.: *Borderline bewältigen. Hilfen und Selbsthilfen.* 4. Aufl. d. Neuausgabe. Patmos, Ostfildern 2019.

Röhr, H.-P.: *Erholung beginnt im Kopf. Tiefenentspannung durch Alpha-Relaxing.* 7. Aufl. Patmos, Ostfildern 2019.

Röhr, H.-P.: *Ich traue meiner Wahrnehmung. Heilung nach sexuellem und emotionalem Missbrauch.* 3. Aufl. d. Neuausgabe. Patmos, Ostfildern 2019.

Röhr, H.-P.: *Die Kunst, sich wertzuschätzen. Angst und Depression überwinden – Selbstsicherheit gewinnen.* 9. Aufl. Patmos, Ostfildern 2019.

Röhr, H.-P.: *Narzissmus. Dem inneren Gefängnis entfliehen.* 8. Aufl. d. Neuausgabe. Patmos, Ostfildern 2019.

Röhr, H.-P.: *Sucht – Hintergründe und Heilung. Abhängigkeit verstehen und überwinden.* 9. Aufl. Patmos, Ostfildern 2020.

Röhr, H.-P.: *Vom Glück, sich selbst zu lieben. Wege aus Angst und Depression.* 13. Aufl. Patmos, Ostfildern 2019.

Röhr, H.-P.: *Wege aus der Abhängigkeit. Belastende Beziehungen überwinden.* 5. Aufl. d. Neuausgabe. Patmos, Ostfildern 2019.

Röhr, H.-P.: *Wie ich meinem Kind zu einem starken Selbstwertgefühl verhelfe.* 1. Aufl. Patmos, Ostfildern 2017.

Rosenberg, M. B.: *Konflikte lösen durch gewaltfreie Kommunikation.* Herder, Freiburg i. Br. 2004.

Singer, W. / Ricard, M.: *Hirnforschung und Meditation: Ein Dialog.* Suhrkamp, Frankfurt a. M. 2008.

Teismann, T.: *Grübeln – Wie Denkschleifen entstehen und wie man sie löst.* Balance, Köln 2018.

Wells, A.: *Metakognitive Therapie bei Angststörungen und Depression.* Belz, Weinheim 2011.